El Método de Aprendizaje *South Beach* para Italiano conversacional

Por Erasmus Cromwell- Smith

El metodo de aprendizaje South Beach para italiano conversacional

ISBN: 979-8-9866136-6-6

Publisher: Erasmus Press
Editor and Proofreading: Elisa Arraiz Lucca
Cover Design and Interior Design: Abjini Shamanik & Alisha Raul
www.erasmuscromwellsmith.com

Este curso es radicalmente distinto a ningún otro en el sentido de que usted revisitará la gramática del español a los efectos de refrescar ciertas reglas y prácticas de nuestro lenguaje.

Como verá, hay muchas cosas que decimos de cierta manera, simplemente por costumbre, sin saber si están bien dichas o no, sin ni siquiera saber por qué hablamos así.

El supuesto es sencillo, regresamos y revisitamos nuestro lenguaje a los efectos de aprender ciertos conceptos para poder traducir de manera exacta el Italiano, en otras palabras, la manera como construimos las frases con las que hablamos nuestro idioma tienen que ser gramaticalmente correctas para que también podamos traducir al Italiano correctamente, porque si nuestra oración en español es gramaticalmente incorrecta, la traducción de la misma al Italiano también lo será.

Italiano Conversacional

- Este curso le permitirá aprender Italiano con solo unas pocas horas de estudio.
- Este curso desvirtúa completamente la creencia acerca de que el Italiano es un idioma muy difícil de aprender.
- De hecho, ambos idiomas se hablan de la misma manera (casi como una imagen en un espejo).
- La fundación de este programa son Los Verbos Infinitivos.
- Usted aprenderá a hablar Italiano a través de cuatro formatos en fórmula que simplifican significativamente el cómo hablar Italiano.Todos ellos basados en Los Verbos Infinitivos.
- Este curso también enseña cómo pronunciar correctamente las palabras en Italiano.
- Así mismo, permite estudiar y aprender la mayoría de los verbos en Italiano, únicamente en el tiempo infinitivo, prácticamente sin aprender las conjugaciones, las cuales toman muchísimas horas de aprendizaje.
- En este curso se estudian los cuatro verbos "gatillo" y sus conjugaciones. Estos verbos, una vez aprendidos, permiten establecer prácticamente cualquier tipo de conversación.

Los 14 Pasos de aprendizaje

“
El Italiano
Es muy
Fácil
De aprender e igualmente
Fácil de hablar
”

Empecemos

En gran parte:

- El Italiano se habla de la misma manera como se habla el español.
- La mayoría de las reglas gramaticales (incluyendo sus nombres) son las mismas.
- Las frases son estructuradas de la misma manera.
  Adicionalmente, muchas palabras son muy similares pero pronunciadas de manera diferente.
- Entonces, ¡desmontemos juntos la idea de que el Italiano es un idioma difícil de aprender!

1er. Paso de Aprendizaje

Todo comienza con

las 5 vocales

¡Aprenda a pronunciarlas correctamente!

Lección No. 1 : Parte E 1

Primero Lo Basico

Vocal en Italiano	Pronunciación en Italiano **Fácil: La pronunciación está entre paréntesis ( )**					
	Lea en voz alta	otra vez	otra vez	otra vez	otra vez	otra vez
A (Ah)	(Ah)	(Ah)	(Ah)	(Ah)	(Ah)	(Ah)
E (Eh)	(Eh)	(Eh)	(Eh)	(Eh)	(Eh)	(Eh)
I (Ee)	(Ee)	(Ee)	(Ee)	(Ee)	(Ee)	(Ee)
O (Oh)	(Oh)	(Oh)	(Oh)	(Oh)	(Oh)	(Oh)
U (Ooh)	(Ooh)	(Ooh)	(Ooh)	(Ooh)	(Ooh)	(Ooh)

Ahora practiquemos juntos en voz alta

Ahora hágalo más rápido: **Ah-Eh-Ee-Oh-Ooh**

aún más rápido: **Ah-Eh-Ee-Oh-Ooh**

Siga practicando: **Ah-Eh-Ee-Oh-Ooh**

Ah-Eh-Ee-Oh-Ooh Hasta que lo memorice

Repita y memorice los sonidos

Trate de hacerlo más y más rápido

2do. Paso de Aprendizaje

Lo siguiente es aprender

El Alfabeto

¡En (paréntesis) encontrará la pronunciación en español!

Lección No. 1 : Parte E 2

Pronunciación y fonética del Alfabeto en Italiano

A (Ah)	B (bee)	C (chee)	D (dee)	E (eh)	F (eh-ffeh)
G (gee)	H (ah-kkah)	I (ee)	J (*)	K (*)	L (eh-lleh)
M (eh-mmeh)	N (en-nnen)	O (oh)	P (pee)	Q (koo)	R (eh-rreh)
S (eh-sseh)	T (tee)	U (ooh)	V (voo)	W (*)	X (*)
Y (*)	Z (zeh-tah)				

**Las letras J, K, W, X, Y no existen en el idioma italiano*

2do. Paso de Aprendizaje

También es muy útil Aprender

Los Números

Lección No. 1 : Parte E 3

Uno **Uno**	Dos **Due**	Tres **Tre**	Cuatro **Quattro**	Cinco **Cinque**	Seis **Sei**	Siete **Sette**	Ocho **Otto**	Nueve **Nove**
Diez **Dieci**	Veinte **Venti**	Treinta **Trenta**	Cuarenta **Quaranta**	Cincuenta **Cinquanta**	Sesenta **Sessanta**	Setenta **Settanta**	Ochenta **Ottanta**	Noventa **Novanta**

Cien **Centa**	Doscientos **Duencento**	Trescientos **Trecento**	Cuatrocientos **Trecento**
Quinientos **Cinquecento**	Seiscientos **Seicento**	Setecientos **Settecento**	Ochocientos **Ottocento**
Novecientos **Novecento**	Mil **Mille**	Diez mil **Diecimila**	Cien mil **Centomila**
Un millón **Un milione**	Cien millones **Cento milioni**	Mil millones/Un millardo **Un miliardo**	Un trillón **Mille miliardi**

3er. Paso de Aprendizaje

Una vez aprendidos el alfabeto y las vocales, el próximo paso es aprender:

Los Pronombres

Lección No. 2 : Parte E 1

Io – Tu	¡Fácil Solo Léalo!
Léalo en voz alta Yo – Io	Léalo en voz alta Usted – Tu
Léalo en voz alta Yo – Io	Léalo en voz alta Usted – Tu
Léalo en voz alta Yo – Io	Léalo en voz alta Usted – Tu
Léalo en voz alta Yo – Io	Léalo en voz alta Usted – Tu
Léalo en voz alta Yo – Io	Léalo en voz alta Usted – Tu
Léalo en voz alta Yo – Io	Léalo en voz alta Usted – Tu
Léalo en voz alta Yo – Io	Léalo en voz alta Usted – Tu
Léalo en voz alta Yo – Io	Léalo en voz alta Usted – Tu

Recuerde en Italiano Yo es **Io**, Usted es **Tu**

Lección No. 2 : Parte E 2

Lui – Lei ¡Fácil Solo Léalo!	
Léalo en voz alta El – Lui	Léalo en voz alta Ella – Lei
Léalo en voz alta El – Lui	Léalo en voz alta Ella – Lei
Léalo en voz alta El – Lui	Léalo en voz alta Ella – Lei
Léalo en voz alta El – Lui	Léalo en voz alta Ella – Lei
Léalo en voz alta El – Lui	Léalo en voz alta Ella – Lei
Léalo en voz alta El – Lui	Léalo en voz alta Ella – Lei
Léalo en voz alta El – Lui	Léalo en voz alta Ella – Lei
Léalo en voz alta El – Lui	Léalo en voz alta Ella – Lei

Recuerde en Italiano El es **Lui**, Ella es **Lei**

Lección No. 2 : Parte E 3

Noi – Voi	¡Fácil Solo Léalo!
Léalo en voz alta Nosotros – Noi	Léalo en voz alta Ustedes – Voi
Léalo en voz alta Nosotros – Noi	Léalo en voz alta Ustedes – Voi
Léalo en voz alta Nosotros – Noi	Léalo en voz alta Ustedes – Voi
Léalo en voz alta Nosotros – Noi	Léalo en voz alta Ustedes – Voi
Léalo en voz alta Nosotros – Noi	Léalo en voz alta Ustedes – Voi
Léalo en voz alta Nosotros – Noi	Léalo en voz alta Ustedes – Voi
Léalo en voz alta Nosotros – Noi	Léalo en voz alta Ustedes – Voi
Léalo en voz alta Nosotros – Noi	Léalo en voz alta Ustedes – Voi

Recuerde en Italiano Nosotros es **Noi**, Ustedes es **Voi**

Lección No. 2 : Parte E 4

Loro ¡Fácil Solo Léalo!	
Léalo en voz alta Ellos – Loro	
Léalo en voz alta Ellos – Loro	
Léalo en voz alta Ellos – Loro	
Léalo en voz alta Ellos – Loro	
Léalo en voz alta Ellos – Loro	
Léalo en voz alta Ellos – Loro	
Léalo en voz alta Ellos – Loro	
Léalo en voz alta Ellos – Loro	

Recuerde en Italiano Ellos es **Loro**

Lección No. 2 : Parte E 5

Sumario	Pronombres	¡Fácil Solo Léalo!
Continuemos Practicando	Yo – **Io**	Pronúncielo 5 veces
	Usted – **Tu**	Este también 5 veces
	El – **Lui**	Este también 5 veces
	Ella – **Lei**	Continúe 5 veces también
	Nosotros – **Noi**	Pronúncielo 5 veces
	Ustedes – **Voi**	Este también 5 veces
	Ellos – **Loro**	Continúe 5 veces también
	Eso*	*'Eso' generalmente se omite

4to. Paso de Aprendizaje

Las siguientes

Palabras Mágicas

Son esenciales en cualquier conversación

¡PRACTÍQUELAS!

Lección No. 3 : Parte E 1

Introduzcamos 10 palabras que son esenciales en cualquier conversación

un/ uno/ una	**un** **uno / una** **unos / unas**	Sì No	**Si** **No**
Il, Lo, La, I Gli, Le	**El, La, Los** **Las**	A, in	**En el (lugar)** **En los (lugares)** **A las (horas)**
E	**Y**	A	**A**
Con	**Con**	Quello, Quella,Quel	**Eso (señalar)** **Que (enfatizar)**
O	**O**	Questo	**Esto**

Lección No. 3 : Parte E 1

Cosa	**Cuál, Qué**
Quando	**Cuándo**
Dove	**Dónde**
Perché	**Porqué**
Se	**Bien sea, O**
A	**A**
Da	**De, Desde**
Quanti	**Cuántos**
Per	**Para, por**
Più di	**Más que**

Ma	**Pero**
Di chi	**De quién**
Chi	**Quién**
Quale	**Cuál**
Come	**Cómo**
Per	**Por, para**
Mentre	**Mientras**
Cui	**Con quién**
Come	**Tal como**
Quanto	**Cuánto cuesta**

Lección No. 3 : Parte E 2

A
A: Un/ Uno/ Una
Adentro: Dentro
Agradable: Bello
Alguno: Alcuni
Amable: Gentile
Ancho: Larghezza
A Propósito: A Proposito
Atención: Attenzione
A Quién: A Chi
Aún Cuando: Sebbene
Abajo: Fuori Uso
Adolescente: Adolescente
Ahora Mismo: Proprio Adesso
Al Lado De: Accanto
Ambos: Entrambi
Antes: Prima
A Punto De: Quasi
A Través De: Attraverso
Aquellos: Quelli
Aunque : Anche Se
Abierto: Aprire
A Donde: Dove
A Las: In
Algo : Qualche
Alto: Alto
A Menos Que: Salvo
Apenas: Appena
Apurado: Di Fretta
A Qué Distancia: Quanto Lontano
A Través De La Cual: Attraverso Il Quale
Ayer: Ieri
Acerca De: Di
Afuera: Fuori
Alguien: Qualcuno
Allá: Là
A Menudo: Di Frequente
A Pesar De: Sebbene
Arriba: Su
A Qué Hora: A Che Ora

B
Bastante: Piuttosto
Bien: Bene
Bien Sea: Bene Essere
Bueno: Bene

C
Cada: A Testa
Cautela: Attenzione
Clase: Classe
Cosa: Roba
Cuando Sea: Ogni Volta
Caliente: Piccante
Ceder El Paso: Prodotto
Cierto: Certo
Cómo : Come
Considerando Que: Considerando Che
Cuál: Quale
Cuidado: Attento
Completo: Completare

Lección No. 3 : Parte E 2

Contigo: Con Te
Cuán Lejos: Quanto
Culpa: Colpa
Casi: Quasi
Cerca De: Vicino
Con: Insieme A
Corto: Breve
Cuando: Quando
Cualquiera: Cualquiera

D

De: Di
Deliberado: Deliberato
Divertido: Divertente
Dónde : Dove
Detrás: Detrás
Desviación: Deviazione
De Guardia: In Chiamata
Demasiado: Anche
De Quién: Il Cui, Di Chi
Dividir: Diviso
Donde Sea: Ovunque
Debajo: Sotto
De Inmediato: Subito
Dentro: Entro
Desafortunadamente: Purtroppo
Dividir Entre: Dividi
Desde: Da
De Buena Gana: Prontamente
Donde Se Encuentre: Dove Sei
De Nuevo: Ancora
Desagradable: Sgradevole
Difícil: Difficile
Dividido Por: Diviso Per
Donde Quiera: Dovunque
De Otra Manera: Altrimenti
De Alguna Manera: In Qualche Modo

E

El: Lui
Ella: Lei
En: In
En Caso Que: In Caso Di
En El Medio: Nel Mezzo
En Orden Que: In Modo Che
Entonces: Quindi
Esto: Questo
Específico: Specifico
En Algún Lugar: In Qualche Posto
En Contra De: Contro
En Particular: In Particolare
Entre: Fra
Esta Noche: Stasera
Estrecho: Chiudere
En Buena Salud: In Buona Salute
En El (La) (S): Nel
En Proceso: In Corso
En Vez De: Invece Di
Entendido: E 'Inteso
En Este Momento: Proprio Adesso
En Caso De: In Caso Di

Lección No. 3 : Parte E 2

En El Hábito: Nell'abitudine
Enfrente De: Davanti
En Progreso: In Corso
Esto: Questo

F
Fácilmente: Facilmente
Fiesta: Festa
Factible: Fattibile
Fiebre: Febbre
Falla: Fallimento
Fin: La Fine
Feria: Equo
Fuerte: Forte

G
Generalmente: Di Solito
Gracioso: Divertente
Grande: Grande
Gracias: Grazie

H
Habrá: Habrá
Han Tenido: Avere Avuto
Habría Estado: Sarebbe Stato
Hace: Fa
Han Sido: Sono Stato
Hecho: Fatto
Hasta: Fino A Quando
Halar: Tiro
Hasta La Vista: Ciao
Hay: Ci Sono
Hombre: Uomini
Habría Sido: Sarebbe Stato
Han Estado: Sono Stati
Hasta Luego: Ciao
Hubo: C'era
Habría Tenido: Avrei Avuto

I
Inmediatamente: Subito
Incluído: Incluso
Importante: Importante
Inspeccionar: Ispezionare
Imposible: Impossibile
Interesante: Interessante
Improbable: Improbabile
Izquierda: Sono Partiti

J
Junio: Giugno
Juntos: Insieme
Justo: Solo

K
Kilo: Chilo

L
Largo: Lunghezza
Lo Último: L'ultimo
Lista: Pronto
Luce Como: Sembra
Listo: Intelligente

Lección No. 3 : Parte E 2

Luego: Dopo

M

Mañana: Mattina
Más Allá: Al Di Là
Mientras: Mentre
Muchacho:ragazzo
Muy: Molto
Mantener: Presa
Más Tarde: Dopo
Mientras Que: Mentre
Mucho: Tanto
Más..Que: Più Di
Más: Più
Medio: Medio
Mitad: Metà
Muchos: Un Sacco Di
Menos... Que: Meno Di
Más Aún: Ancora Di Più
Menos: Meno
Muchacha: Ragazza
Mujer: Donna
Muéstrame: Fammi Vedere

N

Ninguno: Nessuno
Necesario: Necessario
Niño: Ragazzino
Never: Mai
No: No
Niña: Ragazza
Noche: Notte

O

O: O
Obvio: Ovvio
Otro: Altro

P

Para: Per
Pintura: Dipingere
Por Qué: Por Qué
Problema: Problema
Para Siempre: Per Sempre
Pero: Ma
Por Favor: Per Favore
Posible: Possibile
Programa: Programma
Por Esa Razón: Per Tale Motivo
Parece Como: Sembra Che
Pesado: Pesante Por: Di
Por La Razón : Per Il Motivo
Probable: Probable
Próximo: Prossimo
Partida: Partenza
Pequeño: Piccolo
Por Ciento: Per Cento
Por Supuesto: Certo
Punto: Macchiare

Q

Querido: Cara
Qué Hay Acerca De: Che Dire
Quizás: Forse

R

Razonable: Ragionevole
Responsable: Responsabile
Relativo: Parente
Ridículo: Ridicolo

Lección No. 3 : Parte E 2

Respeto: Respeto
Risa: Risata
Repita: ripetere

S
Salida: Partenza
Señora: Sig.ra.
Sobrante (s): Ricambio(s)
Sujeto: Materia
Seguro: Sicuro
Señorita: Mancare
Sí: Sì
Sobre: SU
Suficiente: Basta
SeLECCIÓN: Selezione
Siempre: Sempre
Solamente: Solo
Superar: Vivere attraverso
Señor: signore.
Similar: Similitudine
Solo una vez: Solo una volta

T
Tarea: Compito
Todavía: Ancora
Tan pronto como sea posible:
Appena possibile
Todo: Tutto
También: Anche
Tema: Tema
Tan: Così
Tipo: Tipo
Todo el día: Tutto il giorno
Tarde: Pomeriggio
Tirar: Gettare

U
Última (o): Ultimo (o):
Únicamente: Solo
Un (a) (o) (s) : Un
Un poco de: Un po 'di
Una vez: Una vez

V
Varios: Parecchi
Verdad: VERO

Y
Ya: Già
Y ahora qué: E ora quello

5to. Paso de Aprendizaje

Los Posesivos y los Reflexivos

son esenciales para completar una frase

¡Practíquelos!, especialmente la pronunciación.

Lección No. 3 : Parte E 3

Reflexivo

Me – **Mi (Meh)**	Llámame	**Chiamami**
Le – **Ti (Tee)**	Traerle	**Ti porto**
Le – **Lo (Loh)**	Llevarle	**Portalo**
La – **La (Lah)**	Invitarla	**Invitala**
Nos – **Ci (Chi)**	Búscanos	**Prendici**
Les – **Vi (Vee)**	Cómprales	**Comprarvi**
Les – **Li (Lee)**	Escribeles	**Chiamali**
Lo – **Lo (Loh)**	Véndelos	**Vendilo**

Examples:

Usted **(Tu)**	le tiene **lo devi**	que ir **andare**	a llevar a casa **a portare a casa**
El **(Lui)**	me puede **può**	venir **venire**	a ver luego **a trovarmi dopo**
Ellos **(Loro)**	la quieren **vogliono**	traer **portarla**	a ver le **a trovarti**
Ellos **(Essi)**	le están **stanno**	tratando **provando**	de llamar hoy **a chiamarlo oggi**

Posesivo

Mi – **Mia**	Mi casa	**Casa mia**
Su – **Tua**	Su coche	**Tua auto**
Su – **Tuo**	Su hijo	**Tuo figlio**
Su – **Suo**	Su mascota	**Suo animale**
Nuestro – **Nostra**	Nuestro barco	**Nostra barca**
Vuestro – **Tuo**	Vuestro padre	**Tuo padre**
De ellos – **I loro**	La idea de ellos	**Le loro idee**
Su – **Sua**	Su cola	**Sua coda**

Examples:

Usted **(Voi)**	es **siete**	bienvenido a **benvenuti a**	nuestra casa **casa nostra**
Ella **(Lei)**	está **sta**	manejando **guidando**	mi coche **la mia auto**
El **(Lui)**	tiene que **deve**	traer **portare**	a mi hijo **mio figlio**
Ellos **(Loror)**	quieren **vogliono**	llevar **prendere**	a mi esposa **mia moglie**

6to. Paso de Aprendizaje

Los Verbos Infinitivos

son la base de este curso, los mismos son usados de manera casi idéntica tanto en Italiano como español.

¡Practíquelos!, especialmente las conjugaciones y la pronunciación.

Lección No. 4 : Parte E 1

¿Qué es un Verbo Infinitivo (Verbi Infiniti) en Italiano?

1) Son aquellos que terminan en "**ARE/ERE o IRE**"
en español todos los verbos infinitivos terminan en "R".

Ejemplos:	**chiamare**	**venire**	**andare**	**mangiare**
	llamar	venir	ir	comer

2) Nunca es el 1er. verbo (no se puede conjugar)

No se puede decir en Italiano	~~Io chiamare~~	~~Io venire~~	~~Io andare~~	~~Io mangiare~~
Ni se puede decir en español.	~~Yo llamar~~	~~Yo venir~~	~~Yo ir~~	~~Yo comer~~

3) Sin embargo son siempre usados después del 1er. o 2do. Verbo.

Ejemplo:

Io voglio	**andare**	**a mangiare**
Yo quiero	ir	a comer
Lei Vuole	**venire**	**a trovarla**
Ella quiere	venir	a visitar

Lección No. 4 : Parte E 2

Este curso está basado en los Verbos Infinitivos.

En Italiano se usan los Verbos Infinitivos todo el tiempo.

(Io)	voglio	andare	a mangiare
Lui	**vuole**	**venire**	**a trovarti**

Los Hispanos también usamos los Verbos Infinitivos

Todo el tiempo y ¡de la misma manera que ellos!

Io voglio andare a mangiare ora
Yo quiero ir a comer ahora

Lui vuole venire a trovarti
El quiere venir a visitor le

SONRÍA ☺ Ambas frases parecen un espejo, la una de la otra, con la excepción de la vocal "a" que nosotros utilizamos antes del segundo verbo infinitivo.

Lección No. 4 : Parte E 3

Este curso está basado en los Verbos Infinitivos

¡Aquí tiene más ejemplos!

Io Yo	**devo** tengo que	**prendere** llevar	**te** le	**Lei** Ella	**vuole** quiere	**guardare la tv** mirar tv	**fino a mezzanotte** hasta la medianoche
Tu Usted	**devi** tiene que	**prendere** traer	**lui** le	**Noi** Nosotros	**vogliamo** queremos	**andare a comprare** ir a comprar	**at a mezzogiorno** al mediodía
Lui El	**deve** tiene que	**andare a trovare** ir a ver	**te** le	**Loro** Ellos	**vogliono** quieren	**darti** dar le	**una sorpresa** una sorpresa
Noi Nosotros	**dobbiamo** tenemos que	**cercare di arrivare** tratar de llegar	**là** allá	**Tu** Usted	**vuoi** quiere	**fargli** hacer le	**un sacco di bene** mucho bien

Las ocho frases son un espejo la una de la otra, palabra por palabra, con la excepción de la palabra "que", la cual se utiliza en español cuando el verbo tener se usa para expresar deber o responsabilidad, (ejemplo: Yo me tengo "que" ir), al contrario de cuando se utiliza para describir posesión o propiedad (ejemplo: Yo tengo una familia) y la letra "a" que se utiliza en español después del primer verbo, (ejemplo: Yo me tengo que ir "a" dormir).

Los dos idiomas cuando se hablan correctamente, ¡se hablan de la misma y exacta manera!

Lección No. 4 : Parte E 3

Lo único que usted necesita para poder conversar en Italiano son los Verbos Infinitivos los cuales son la base de este método de aprendizaje.

- **Los verbos infinitivos** se usan de la misma manera y casi siempre en el mismo lugar en una oración, tanto en Italiano como español.

- **Los verbos infinitivos** nunca son el primer verbo en una oración: **Voglio avere**
  Yo quiero tener

- **Los verbos infinitivos** terminan en ARE/ERE o IERE en Italiano: **Avere**
  Y terminan en R en español: Tener

- **Los verbos infinitivos** no pueden ser conjugados ~~**Io avere**~~ ~~Yo tener~~

- **Los verbos infinitivos** continúan siendo usados de manera Infinita en las oraciones. Ahí los dos idiomas son idénticos o **Voglio andare a mangiare**
  Yo quiero ir a comer

- El segundo verbo infinitivo en una frase en español es siempre precedido por la letra "a" **Voglio andare a dormire**
  Yo quiero ir a dormir

- Los verbos infinitivos nos permiten conversar en Italiano a través de cuatro formatos en fórmula: (1) Gerundio-acción, (2) Pasado participio, (3) Futuro y (4) Condicional.

Lección No. 4 : Parte E 4

En la próxima página
usted encontrará una lista de:

Verbos Infinitivos
Verbi Infiniti

Estúdielos, léalos, pronúncielos varias veces hasta que los memorice,
y se dará cuenta que todos ellos (bueno, casi todos)

Terminan en R en español
Y terminan en are/ere o ire en Italiano

Lección No. 4 : Parte E 4

A

Abrir: Aprire
Abrazar: Abbraccio
Aceptar: Accettare
Acertar: Colpo
Adquirir: Acquisire
Agradecer: Agradecer
Amar: Amore
Anunciar: Annunciare
Aprender: Per Imparare
Aprobar: Passaggio
Organizzare
Asistir: Frequentare
Aumentar: Aumento
Averiguar: Raffigurare
Ayudar: Aiuto

B

Bailar: Danza
Beber: Bere
Borrar: Cancellare
Bostezar: Sbadiglio
Buscar: Ricerca

C

Caber: Per Adattarsi
Caer: Autunno
Calentar: Calore
Caminar: Camminare
Cancelar: Annulla
Causar: Causa
Cobrar: Raccogliere
Cocinar: Cucinare
Conducir: Guidare
Conseguir: Ottenere
Construir: Costruire
Convertir: Convertire
Cerrar: Chiudere Arreglar
Completar: Completare
Comprar: Comprare
Copiar: Copiare
Corregir: Corretta
Correr: Correre
Creer: Ritenere
Crecer: Crescendo
Cumplir: Soddisfare

D

Dar: Dare
Darse Cuenta: Rendersi Conto
Deber: Dovere
Debería: Dovrebbero
Decir: Raccontare
Dejar: Permettere
Descansar: Riposare
Desear: Volere
Discutir: Litigare
Dormir: Dormire
Dudar: Dubbio
Devengar: Guadagnare

E

Empezar: Iniziare
Empujar: Spingere
Encontrar: Trovare
Enseñar: Insegnare
Enviar: Inviare
Entender: Capire
Entrar: Entrare

Lección No. 4 : Parte E 4

Escoger (Elegir): Scegliere
Escribir: Scrivere
Esperar: Aspettare
Estar: Essere
Estar Agradecido: Essere Grati
Estar Molesto: Essere Pazzo
Estar Equivocado: Essere In Errore
Estudiar: Studiare

G
Ganar: Guadagnare
Ganar: Vincere
Golpear: Colpo
Gustar: Vivere

H
Haber: Avere
Hablar: Parlare
Hacer: Fare
Halar: Tirare

I
Incluir: Includere
Informar: Rapporto
Insistir: Insistere
Invitar: Invitare
Ir: Andare
Ir De Compras: Comprare

J
Jugar: Giocare A

L
Lavar: Lavare
Leer: Leggere
Limpiar: Pulire
Llamar: Chiamare
Llegar: Ottenere
Llevar: Indossare
Llorar: Piangere
Lograr: Raggiungere

M
Manejar: Maneggiare
Mover: Spostare
Mejorar: Migliorare
Mantener: Presa
Mostrar: Mostrare
Mirar: Guardare

N
Nombrar: Nominare
Necesitar: Avere Bisogno

O
Obedecer: Obbedire
Observar: Osservare
Obtener: Ottenere
Ofrecer: Offrire
Olvidar: Dimenticare
Ordenar: Organizzare

P
Pagar: Pagare
Parecer: Guardare
Partir: Partire
Pasar: Accadere
Pedir: Chiedere
Pedir Prestado: Prestito

Lección No. 4 : Parte E 4

Pensar: Pensare
Perder: Perdere
Perdonar: Perdonare
Permitir: Permettere
Poder: Può
Podría: Poteva
Preguntar: Chiedere
Presentar: Introdurre
Prestar: Prestare
Poner: Mettere
Poseer: Possedere

Q

Querer: Volere

R

Rechazar: Declino
Recibir: Ricevere
Recibir: Salutare
Recordar: Ricordare
Recoger: Ritornare
Reir: Ridere
Repetir: Ripetere
Respetar: Da Rispettare
Responder: Rispondere
Reusar: Per Rifiutare

S

Saber: Sapere
Salir: Uscire
Salvar: Salvare
Saltar: Saltare
Satisfacer: Soddisfare
Seguir: Seguire
Sentar: Sedere
Sentir: To Feel
Ser: Essere
Solicitar: A Richiesta
Solucionar: To Solve
Sonreir: Sorridere

T

Temer: Temere
Tener: Avere
Tener Que: Dovere
Terminar: Finire
Trabajar: Lavorare
Traer: Portare
Tomar: Prendere
Tratar: Provare
Trotar: Al Trotto
Tocar: Toccare
Tocar: Sunonare

U

Unir: Per Aderire
Usar: Usare
Utilizar: Utilizzare

V

Valorar: Valore
Vender: Vendere
Venir: Venire
Ver: Vedere
Vestir: Vestirsi
Viajar: Viaggiare
Visitar: Visitare
Vivir: Vivere

7mo. Paso de Aprendizaje

Los 4 Verbos "Gatillo"

le permiten iniciar cualquier conversación básica

Practíquelos, especialmente las conjugaciones Y la pronunciación

Lección 5, 6, 7 & 8

Los siguientes 4 verbos gatillo le permiten iniciarla mayor parte de las conversaciones

Lección No. 5	Lección No. 6
Essere **Ser, Estar**	Avere **Tener/ Haber**
Lección No. 7	**Lección No. 8**
Volere **Querer**	Potere **Poder**

Lección No. 5 : Parte E 1

El 1er. Verbo Gatillo es "Essere"
En español significa "Ser o Estar", es decir que tiene dos significados

Primero estudiaremos el verbo "Ser"
El verbo "Ser" en español describe una situación casi-permanente

Ejemplos usando el verbo "Ser":

Io sono (sonoh) **Tu sei (she-ee)** **Lui è (Ehs)** **Lei è (Ehs)** **Noi siamo (seeah-moh)** **Voi siete (see-eh-teh)** **Essi sono (soh-noh)**	Yo soy alto **Io sono alto**	El es un policía **Lui è un poliziotto**
	Ella es lista **Lei è intelligente**	Usted ed soltero **Voi siete single**
	Ellos son fanáticos **Loro sono fanatici**	El está tarde **Lui è in ritardo**
	Es tarde **È tardi**	Ella es bella **Lei è bella**

Lección No. 5 : Parte E 2

Los Verbos Essere

Yo soy un buen jugador **Sono un buon giocatore**	Ustedes nunca están a tiempo **Non sei mai puntuale**
Yo soy una gran persona **Sono un'ottima persona**	Ellos son los mejores en la ciudad **Sono i migliori in città**
Usted es un buen hombre **Sei una brava persona**	Ellos son lo peor que hay **Sono il peggio ci sia**
Usted es una persona desagradable **Sei una persona disgustosa**	Es mejor si usted no viene **È meglio se non vieni**
El es un estudiante excelente **È uno studente eccellente**	Usted está cansado todos los días **Sei sempre stanco**
El es un cocinero fantástico **È un cuoco fantastico**	Usted está molesto acerca del juego **Sei arrabbiato per la partita**
Nosotros estamos siempre aquí para usted **Siamo sempre qui per te**	Usted está frustrado por toda la situación **Siete frustrati da tutta la situazione**
Nosotros somos la misma gente **Siamo le stesse persona**	Ellos están muy cansados después del viaje **Sono davvero stanchi dopo il viaggio**
Ustedes son un equipo ganador **Siamo un team vincente**	

Lección No. 6 : Parte E 1

El 2do. Verbo Gatillo es "Avere"

En español significa "Tener o Haber", es decir que tiene dos significados.

Estudiemos ahora su 2do. Significado: Haber/Avere

En Italiano el verbo "Avere" lo utilizaremos para hablar en pasado participio sin tener que aprender las conjugaciones de los verbos. Tanto en italiano como español Podemos hablar en pasado participio utilizando el verbo "Avere" = "Haber" seguido de verbos en pasado participio.

Ejemplos usando el verbo "Avere" como "Haber "en Pasado Participio

Io ho **Tu hai (ahi)** **Lui ha (ah)** **Lei ha (ah)** **Noi abbiamo (ahbee-ah-moh)** **Voi avete (ah-veh-teh)** **Essi hanno (ah-noh)** **Ha (ah)**	**Io ho ricevuto l'email oggihe** Yo he recibido correo hoy	**Io sono andato a mangiare** Yo he ido a comer
	Ci hai messo un sacco di tempo Usted ha tomado mucho tiempo	**Tu non mi hai chiamato** Usted no me ha llamado
	Lei ha dormito durante la mattina Ella ha dormido en la mañana	**Lei è venuto a trovarmi** El ha venido a verme
	Loro hanno studiato tutto il giorno Ellos han estudiado todo el día	**Lei mi ha portata a casa** Ella me ha llevado a casa
	Loro hanno cucinato tutta la mattina Ellos han cocinado toda la mañana	**Io non sono andato a dormire** Yo no me he ido a dormir
	Lui ha corso tutto il pomeriggioha El estado corriendo toda la tarde	**Loro non hanno guardato la TV** Ellos no han mirado TV

Lección No. 6 : Parte E 2

Aquí hay múltiples ejemplos del verbo "Avere"
cuando es utilizado como "Haber" en Italiano

Avere: Haber

Ho fatto Yo he hecho	**Hanno studiato** Ellos han estudiado	**Hai capito** Usted ha entendido
Ho ottenuto Yo he recibido	**Ho corso** Yo he corrido	**Ha scritto** El ha escrito
Ho preso Yo he llevado	**Ha camminato** Ella ha caminado	**Hai migliorato** Usted ha mejorado
Hai cucinato Yo he cocinado	**Hanno chiamato** Ellos han llamado	**Hanno pensato** Ellos han pensado
Ha aspettato El ha esperado	**Ho parlato** Yo he hablado	**L'hai comprato** Usted lo ha traído
Ha visto Ella ha visto	**L'ho comprato** Yo lo he comprado	**Ha lavato** Ella se ha bañado

Lección No. 6 : Parte E 3

Tener	Tener que	Pasado participio
Ho una famiglia fantastica Yo tengo una gran familia	**Devo vederlo domani** Yo tengo que verle mañana	**Ho ricevuto una lettera offi** Yo he recibido correo hoy
Ho male alla testa Yo tengo dolor de cabeza	**Devo venire a vederti** Yo tengo que venir a verle	**Ho dormito bene la scorsa notte** Yo he dormido bien anoche
Avete quattro bravi ragazzi Usted tiene cuatro hijos buenos	**Devi andare a mangiare** Usted tiene que ir a comer	**Non hai fatto il tuo lavoro** Usted no ha hecho su trabajo
Ho un buon lavoro Yo tengo un buen trabajo	**Devo incontrarmi con lui oggi** Yo tengo que reunirme con el hoy	**L'ho vista stamattina presto** Yo la he visto hoy temprano
Ha problemi con lei El tiene problemas con ella	**Deve portargli del cibo** El tiene que traerle la comida	**Ha commesso un grande errore** El ha cometido un gran error
Hanno una bella vita Ellos tienen una gran vida	**Devono affrettarsi** Ellos se tienen que apurar	**Hanno mangiato motlo oggi** Ellos han comido mucho hoy
Hai molta fortuna Ustedes tiene mucha suerte	**Devi finire il progetto** Usted tiene que terminar el proyecto	**L'abbiamo mandata a scuola** Nosotros la hemos enviado a la escuela
Ho un cammino difficile davanti a me Yo tengo un camino difícil por delante	**Dobbiamo iniziare a muoverci** Nosotros tenemos que comenzar a movernos	**Siete stati assenti ultimamente** Ustedes han estado ausentes ultimamente
Avete molta fortuna Ustedes tiene mucha suerte	**Debe fare attenzione** Ella tiene que poner atención	**Ha comprato vestiti nuovi** Ella ha comprador ropa nueva
Ha un'auto nuova Ella tiene un coche nuevo	**Deve essere aggiustato** Tiene que ser reparado	**E' già stato aggiustato** Ya ha sido reparado
Ha una luce rotta Tiene una luz rota	**Devo ricominciare tutto di nuovo** Yo tengo que empezar de nuevo	**Ho pensato a te** Yo he estado pensando en ello

Lección No. 7 : Parte E 1

El 3er. Verbo Gatillo es "Volere"
En español significa "Querer", y se usa de dos formas distintas
Al igual que en español el verbo "Volere" se utiliza en Italiano para:

1. Expresar un deseo con el verbo "Querer".
2. Expresar una orden con el verbo "Querer que".

Ejemplos: Tal como en Italiano el verbo "Querer" se usa pirncipalmente de dos maneras

Volere (tu guant)	**Para expresar deseo**	**Para dar órdenes o pedir**
Io voglio (Voh-glee-oh) **Tu vuoi (Voo-oh-ee)** **Lui vuole (Voo-oh-leh)** **Lei vuole (Voo-oh-leh)** **Noi vogliamo (Noh-ee)** **Voi volete (Voh-leh-teh)** **Loro vogliono (Vohgleeohnoh)** **(Esso) vuole (Voo-oh-leh)**	**Voglio andare a dormire** Yo me quiero ir a dormir	**Voglio che tu vada a mangiare** Yo quiero que usted vaya comer
	Voglio imparare l'italiano Yo quiero aprender español	**Vuole che gli scrivi** El quiere que usted le escriba
	Vuole cucinare per te Ella quiere cocinarle a ustedes	**Vogliamo che ci pensi tu** Queremos que lo piense
	Vogliono portarti a casa Ellos quieren llevarle a casa	**Voglio che mi porti il conto** Yo quiero que me traiga la cuenta

Lección No. 7 : Parte E 2

Ejemplos

Desiderare/Volere **Desear/Querer**	Comando/Ordine **Comando/ Orden**
Voglio portarti al cinema Yo quiero llevarle al cine	**Voglio che la smetti di chiamarmi** Yo quiero que usted pare de llamarme
Voglio andare a fare shipping dopo pranzo Yo quiero ir de compras hoy después de comer	**Voglio che ci pensi attentamente** Yo quiero que lo piense con cuidado
Vuoi che ti porti qualcosa? ¿Usted quiere que le traiga alguna cosa?	**Vuoi che lo prepariamo?** ¿Usted quiere que lo tengamos listo?
Vuole comprare un paio di scarpe nuovo El quiere comprar un par de zapatos nuevos	**Vuole che lo chiami alle 14:00** El quiere que usted lo llame hoy a las 2 p.m.
Vuole cercare di trovare un nuovo lavoro Ella quiere tratar de conseguir un trabajo nuevo	**Non vuole che le dia più fastidio** Ella quiere que yo no la moleste más

Lección No. 8 : Parte E 1

El 4to. Verbo Gatillo es "Potere"

En español significa "Poder"

<u>Ejemplos:</u>

<table>
<tr><td rowspan="4">Io posso (Poh-soh)
Tu puoi (Poo-oh-ee)
Lui può (poo-oh)
Lei può (poo-oh)
Noi possiamo (poh-see-ah-moh)
Voi potete (poh-teh-teh)
Loro possono (poh-soh-noh)</td><td>Posso vederti dopo
Yo puedo verle luego</td><td>Può venire a mezzogiorno
El puede venir al mediodía</td></tr>
<tr><td>Può andare a vederlo
Ella puede ir a verle</td><td>Puoi farlo
Usted puede hacerlo</td></tr>
<tr><td>Possono portarti a casa
Ellos pueden llevarle a casa</td><td>Puoi entrare
Usted puede entrar</td></tr>
<tr><td>Può venire domani
El puede venir mañana</td><td>Posso chiamarti dopo
Yo puedo llamarle luego</td></tr>
</table>

Lección No. 8 : Parte E 2

Ejemplos: Potere

Posso venire a vederti questo fine settimana Yo puedo venir a verle éste fin de semana	**Può prepararsi sul test questa settimana** El puede prepararse para el examen esta semana
Posso chiamarti tutte le sere alle 20:00. Yo puedo llamarle todas las noches a las 8 p.m.	**Puoi portarli a passare il giorno qui** Usted puede traerlos a pasar el día aquí
Può portarli al parco domani alle 16:00 El puede llevarles al parque mañana a las 4	**Potete andare al cinama con lei** Usted puede ir al cine con ellos
Lei non può mangiare pollo Ella no puede comer pollo	**Puoi chiamarmi dopo pranzo** Usted puede llamarme después del almuerzo
Possiamo lavorare insieme per risolvere il problema Nosotros podemos trabajar juntos para resolver el problema	**Possono lamentarsi quanto vogliono, non farà differenza** Ellos pueden protestar todo lo que quieran pero no hará diferencia

Lección No. 9 : Parte E 1

Ok. Usemos ahora los Pronombres, los cuatro Verbos Gatillo, las Palabras Mágicas y los Verbos Infinitivos adicionales para construir más Oraciones y Frases.

<table>
<tr><td rowspan="4">Pronombres:
Yo – Io
Usted – Tu
El – Lui
Ella – Lei
Nosotros – Noi
Ustedes – Voi
Ellos – Loro</td><td>Devo andare a chiamarla
Yo tengo que ir a llamarla</td><td>Voglio venire a trovarti
Yo quiero venir a verle</td></tr>
<tr><td>Voglio portarti a cena
Yo quiero llevarle a cenar</td><td>Puoi andare a dormire
Usted puede irse a dormir</td></tr>
<tr><td>Può aspettarti a mezzogiorno
El puede esperar por usted al mediodía</td><td>Lei vuole cucinare per te
Ella quiere cocinarle</td></tr>
<tr><td>Devo andare a prendere note
Yo tengo que ir a tomar notas</td><td>Devo correre per andare a vederlo
Yo tengo que correr para ir a verle</td></tr>
<tr><td rowspan="3">Los 4 Verbos Gatillo
Essere – Ser
Avere – Tener
Avere – Haber
Volere – Querer
Potere – Poder</td><td>Posso venire a trovarti domani
Yo puedo ir a verle mañana</td><td>Possono venire a correre stanotte
Ellos pueden venir a correr esta noche</td></tr>
<tr><td>Possiamo cucinare abbastanza rapidamente
Nosotros podemos cocinar muy rápido</td><td>Deve chiamarla presto
El tiene que llamarla pronto</td></tr>
<tr><td>Dobbiamo aspettarla
Nosotros tenemos que esperar por ella</td><td>Voglio mangiare qui
Yo quiero comer aqui</td></tr>
</table>

Lección No. 9 : Parte E 2

Verbos Gatillo Adicionales	
Andare	Ir
Venire	Venir
Prendere	Tomar
Comprare	Comprar
Cucinare	Cocinar
Aspettare	Esperar
Correre	Correr
Guardare	Mirar
Vedere	Ver
Dare	Dar
Ricevere	Recibir
Ottenere	Obtener
Camminare	Caminar
Scrivere	Escribir
Leggere	Leer

Examples

Dovete venire a vederla Usted tiene que venir a verla	**Loro possono portarti all'aeroporto ora** Ellos pueden llevarle al aeropuerto ahora
Puoi venire a vedere la TV dopo Usted puede venir a ver TV luego	**Puoi andare a fare la spesa alle tre** Nosotros podemos comprar comida a las tres
Vuole che la chiami presto Ella quiere que la llame pronto	**Deve ricevere posta questa settimana** El tiene que recibir correo esta semana
Lui può leggere piuttosto bene El puede leer muy bien	**He has to go to get his ID** Deve andare a prendere il suo ID
Devono correre oggi Ellos tienen que correr hoy	**Deve imparare a scrivere spesso** El tiene que aprender a escribir a menudo
Lei vuole correre ogni mattina Ella quiere correr todas las mañanas	

Lección No. 9 : Parte E 3

Ahora construyamos frases con lo que hemos aprendido

Devo essere un buon padre Yo tengo que ser un buen padre	**Devo essere là in tempo** Yo tengo que estar allí a tiempo	**Deve essere paziente** El tiene que ser paciente
Voglio essere giusto Yo quiero ser justo	**Voglio essere presente** Yo quiero estar presente	**Vuole essere come suo padre** El quiere ser como su padre
Posso essere spesso in ritardo Yo puedo estar tarde a menudo	**Posso essere lì alle due** Yo puedo estar allá a las dos	**Può essere un buonissimo compagno di squadra** El puede ser un gran miembro del equipo
Devi essere persistente Usted tiene que ser persistente	**Devi essere sempre attento** Usted tiene que estar alerta todo el tiempo	**Vogliamo essere pronti per lui** Nosotros queremos estar listos para él
Vuoi essere il migliore Usted quiere ser el major	**Vuoi essere davanti alla curva** Usted quiere estar adelante de la curva	**Possiamo essere dal lato dei perdenti** Nosotros podemos estar en el lado perdedor
Puoi essere l'ultimo ad entrare Usted puede ser el último en venir	**Puoi avere molti problemi presto** Ustedes pueden tener muchos problemas pronto	**Dev'essere devastato** El tiene que estar devastado
Dobbiamo essere educati Nosotros tenemos que ser educados	**Dobbiamo aspettarlo al cancello** Nosotros tenemos que estar esperándole en la Puerta	**Vuole essere sempre in vacanza** El quiere estar de vacaciones permanentemente
Vogliamo essere i migliori Nosotros queremos ser los mejores	**Può essere disponibile più tardi** El puede estar disponible luego	

Lección No. 9 : Parte E 4

Los Verbos Infinitivos/ Los Cuatro Verbos Gatillo

Pronombre	Essere **Ser/ Estar**	Volere **Querer**	Avere **Tener/ Haber**	Potere **Poder**
Yo – **Io**	Sono	Voglio	Ho	Posso
Usted – Tu	Sei	Vuoi	Hai	Puoi
El – **Lui**	É	Vuole	Ha	Può
Ella – **Lei**	É	Vuole	Ha	Può
Nosotros– **Noi**	Siamo	Vogliamo	Abbiamo	Possiamo
Ustedes – **Voi**	Siete	Volete	Avete	Potete
Ellos – **Loro**	Sono	Vogliano	Hanno	Possono
Eso/Esto	É	Vuole	Ha	Può

8avo. Paso de Aprendizaje

Los 4 formatos en fórmula

(Plantillas)
Le permiten conversar en Gerundio (acción) Participio Pasado, Futuro Condicional usando únicamente "Verbos Infinitivos"

Practíquelos, especialmente las conjugaciones y (la pronunciación)

1. Gerundio/ Gerundio (Acción)

<u>Gerundio/ Gerund (Acción)</u> **ITALIANO**: Essere + Verbo que termina en "ando" o "endo" **ESPAÑOL**: Estar + Verbo termina en "iendo" o "ando" **Cómo convertir un:** <u>Verbo Infinitivo" en Italiano a gerundio</u> Camminare: Elimine la "r" y añada "ando" Camminando <u>Verbo Infinitivo" en español a gerundio</u> Caminar: Elimine la "r" y añada "ando" Caminando *<u>Ejemplo</u>*: Camminare = Caminar (Verbo Infinitivo) **<u>Sto camminando per mangiare</u>** Yo estoy caminando a comer	

Lección No. 10 : Parte E 1

Italiano: Essar+ El verbo termina en "<u>ando</u>" o "<u>endo</u>"
Español: Estar + El verbo termina "<u>iendo</u>" o "<u>ando</u>"

- En Italiano cuando se habla en Gerundio siempre refiere a "acción".
- En gerundio el verbo "Essere" es seguido siempre por un verbo terminado en "ando" o "endo".
- En español es exactamente lo mismo, los hispanos usan el verbo "Estar" (To Be) seguido siempre de un verbo terminado en "iendo" o "ando."

<u>Ejemplo</u>:
<u>Chiamare: (io) sto chiamando stasera</u>
Llamar : Yo estoy llamándole esta noche

En fin de cuentas los verbos en gerundio terminan en Italiano **endo/ando** y en español **iendo/ando**

<u>Para convertir un verbo infinitivo en Gerundio:</u>
En Italiano hacemos lo siguiente: Chiamare-----chiamando (eliminar el "are" añadir "ando").
En español hacemos lo siguiente: Llamar------llamando (eliminar la "r" añadir "iendo" o "ando").

Lección No. 10 : Parte E 2

Ejemplos: Gerundio

Ti sto chiamando ora Yo estoy llamándole ahora	**Lo stanno chiamando oggi** Ellos están llamándole hoy	**Stanno chiamando stanotte** Ellos están llamándole esta noche
Sto studiando da tutta la mattina Yo estoy estudiando toda la mañana	**Oggi stanno studiando** Ellos están estudiando hoy	**Sta studiando adesso** Ella está estudiando ahora
Sto aspettando in casa Yo estoy esperando en la casa	**Loro vi stanno aspettando** Ellos están esperando por usted	**Stai aspettando invano** Usted está esperando en vano
Ti sto scrivendo ogni settimana Yo estoy escribiéndole cada semana	**Sta imparando sul paese** Ella está aprendiendo acerca del país	**Lui sta scrivendo spesso** El está escribiendo a menudo
Sto cercando di visitarti Yo estoy tratando de visitarle	**Sta cercando di visitarci** Ella está tratando de visitarnos	**Stanno cercando di chiamare** Ellos están tratando de llamar
Sto imparando a parlare italiano Yo estoy aprendiendo a hablar italiano	**Loro stanno scrivendo ogni due settimane** Ellos están escribiendo cada dos semanas	**Lei sta imparando le basi** El está aprendiendo lo básico
Sto guardando la TV italiana Yo estoy viendo la TV en italiano	**Voi la state guardando crescere** Usted está mirándola crecer	**Lui sta guardando la partita** El está mirando el juego

Verbos Infinitvos:

Chiamare: Llamar | Studiare :Estudiar | Aspettare:Esperar | Scrivere: Escribir

Imparare: Aprender | Guardare: Mirar | Cercare: Tratar

2. Pasado Participio/Participio Passato

	<u>Pasado Participio/Participio Passato</u> El verbo "avere" sigue al pronombre, seguido del verbo. Convierta un verbo infinitivo a pasado participio quitando la **terminacion -are, -ere, o –ire y sustitúyala por -ato, -uto, -ito, -ado** *<u>Ejemplo</u>*: Aspettare (Esperar) Io ho aspettato Tu hai aspettato Lui ha aspettato Noi habiamo aspettato Voi avete aspettato Sonno hanno aspettato **Nota**: No hay que aprender las conjugaciones.

Lección No. 11 : Parte E 1

Ejemplos: Avere

Portare : L'ho portata a casa Llevar : Yo la he llevado a casa	**Aspettare: Loro vi hanno aspettati** Esperar: Ellos han estado esperando por usted
Mangiare: Ha mangiato alle 12 Comer: El ha comido a las 12	**Lavare: Lei ha lavato tutta la mattina** Lavar: Ella ha estado lavando toda la mañana
Imparare: Hanno imparato a leggere Aprender: Ellos han aprendido a leer	**Chiedere: Lui ha chiesto di voi** Preguntar: El ha estado preguntando por usted
Parlare: Lei ha parlato con lui Hablar: Ella ha hablado con él	**Cucinare: Loro hanno cucinato oggi** Cocinar: Ellos han estado cocinando hoy
Studiare: Abbiamo studiato Estudiar: Nosotros hemos estudiado	**Camminare: Noi abbiamo camminato** Caminar: Nosotros hemos caminado
Ricevere: Non han ricevuto nessuna email Recibir: Ellos no han recibido correo	**Pensare: Tu lo hai pensato** Pensar : Usted ha pensado acerca de eso
Andare: Sono andato a vederla Ir : Yo he ido a verla	**Venire: Voi siete venuti ogni anno** Venir: Usted ha estado viniendo cada año
Portare: Ha portato un amico Traer: El ha traído una amiga	**Vincere: Noi abbiamo vinto di più** Ganar: Nosotros hemos estado ganando más
Ascolare: Lei lo ha ascoltato Escuchar: Ella le ha escuchado	**Comprare: Ho comprato un sacco di vitamine** Comprar: Yo he estado comprando muchas vitaminas

Lección No. 11 : Parte E 2

Participio Passato (Verbi)/(Verbos) Pasado Participio

Stato	**Avuto**	**Arrivato**	**Lavato**	**Raffreddato**	**Confezionato**	**Scritto**	**Combattuto**
Sido	Estado	Llegado	Lavado	Enfriado	Empacado	Escrito	Peleado
Venuto	**Parlat**	**Calcolato**	**Spiegato**	**Guardato**	**Portato**	**Risposto**	**Pensado**
Venido	Hablado	Calculado	Explicado	Mirado	Traído	Respondido	Pensado
Ricevuto	**Peso**	**Visto**	**Ripetuto**	**Appellato**	**Necessitato**	**Scaldato**	**Guardato**
Recibido	Lleva do	Visto	Repetido	Apelado	Necesitado	Calentado	Mirado
Corso	**Pulito**	**Chiamato**	**Nato**	**Finito**	**Contestato**	**Cucinato**	**Risposto**
Corrido	Limpiado	Llamado	Tenido	Finalizado	Disputado	Cocinado	Respondido
Fatto	**Mancato**	**Dato**	**Ascoltatao**	**Accettati**	**Costruito**	**Viaggiato**	**Afferrato**
Hecho	Fallado	Dado	Escuchado	Aceptado	Construído	Viajado	Agarrado
Desiderato	**Fatto**	**Camminato**	**Compra**	**Chiesto**	**Voluto**	**Realizzato**	**Iniziato**
Deseado	Hecho	Caminado	Comprado	Preguntado	Querido	Dado cuenta	Empezado
Ricordato	**Infornato**	**Messo**	**Seduto**	**Letto**	**Mangiato**	**Andato**	**Goduto**
Recordado	Horneado	Puesto	Sentado	Leído	Comido	Ido	Disfrutado
Fritto	**Sentito**	**Perso**	**Piaciuto**	**Lavato**	**Bagnato**	**Detto**	**Cercato**
Frito	Escuchado	Perdido	Gustado	Lavado	Bañado	Dicho	Buscado
Dormito	**Concordato**	**Uscito**	**Lasciato**	**Amato**	**Svegliato**	**Deposto**	**Rattristito**
Dormido	Acordado	Salido	Dejado	Amado	Despertado	Dejado	Entristecido
Interrogato	**Inserito**	**Ferito**	**Trovato**	**Volato**	**Vinto**	**Pianto**	**Nviato**
Preguntado	Introducido	Herido	Encontrado	Volado	Ganado	Llorado	Enviado
Ordinato	**Bollito**	**Sognato**	**Bevuto**	**Pagato**	**Nuotato**	**Aspettato**	**Iniziato**
Ordenado	Hervido	Soñado	Bebido	Pagado	Nadado	Esperado	Empezado
Risposto	**Capito**	**Discusso**	**Saltato**	**Dimenticato**	**Arrivato**	**Asciugato**	**Mostrato**
Respondido	Entendido	Discutido	Saltado	Olvidado	Llegado	Secado	Mostrado

3. Futuro

Futuro/ Futuro
ITALIANO: verbo andare + Verbo Infinitivo
ESPAÑOL: verbo ir a + Verbo Infinitivo.
Ejemplo: Mangiare (comer)
Io vado a mangare
Tu vai a mangare
Lui/Lei vai a mangare
Noi andiamo a mangare
Voi andare a mangare
Loro andare a mangare

Lección No. 12

Ejemplos

Io vado a correre dopo Yo voy a ir a correr después	**Loi ti verranno presto a visitare** Ellos van a venir a visitarle pronto
Voi non vai a finire Usted no va a terminar	**Io vado a studiare tutto il giorno** Yo voy a estudiar todo el día
Lei vai a chiamare ti dopo Ella va a llamarle luego	**Loi ti verrano a portare il tuo cibo** Ellos van a traerle la comida
Voi mi vai a portare a casa Usted va a llevarme a casa	**Lui vai a cucinare per te oggi** El va a cocinarle hoy
Lei ti vai a aspettare alle 12 El le va a esperar a las doce	**Lui vai volare oggi alle 3** El va a volar hoy a las 3
Lui ti va a portare il pranzo all'1 El le va a traer el almuerzo a la 1	**Tu non vai stare puntuale oggi** Usted no va a estar a tiempo hoy

4. Condicional

Condicional
ITALIANO: Verbo Infinitivo + la terminación "ei"
ESPAÑOL: Verbo infinitivo + la terminancion "ia" o "iera"

Ejemplo:
Verbos infinitivos: **Andare** = Ir **Correre** = Correr
Yo iria a correr si vinieses conmingo
Andrei a correre se tu venissi con me.

Lección No. 13

Ejemplos

Potrei andare a correre se il tempo è bello Yo podría ir a correr si el clima está agradable
Dovresti venire a srudiare solo se sei pronto Usted debería venir a estudiar sólo si usted está listo para ello
Verrei a trovarvi se foste disponibili Yo iría a visitarle si usted estuviera disponible para mí
Mangeremmo a casa vostra se vuoi cucinaste per tutti noi Nosotros comeríamos en su casa si ustedes cocinaran para todos nosotros
Chiamerebbero a mezzogiorno se voi aveste una risposta per loro Ellos llamarían al mediodía si usted tuviera una respuesta para ellos
Ti porterei all'aeroporto se fossi pronto per le 8 Yo le llevaría al aeropuerto si usted estuviera listo a las 8
Ti sentiresti molto felice, se solo provassi a dare una mano Usted se sentiría muy contento si simplemente tratara de dar una mano
Li aspetterebbe a mezzogionro se venissero tutti Ella esperaría por ellos al mediodía si todos ellos vienen
Preferirebbero che tu non facessi nulla per il momento Ellos preferirían que usted no haga nada por el momento
Cercherà di finire domani se riceve il pagamento El trataría de terminar mañana si recibe el pago

Infinitivo	
Poder	**Potere**
Deber	**Dovere**
Ir	**Andare**
Comer	**Mangiare**
Llamar	**Chiamare**
Esperar	**Aspettare**
Hablar	**Parlare**
Estudiar	**Studiare**
Comprar	**Comprare**
Llevar	**Portare**

Condicional	
Podría	**Potrei**
Debería	**Dovrei**
Iría	**Andrebbe**
Comería	**Mangerei**
Llamaría	**Chiamerei**
Esperaría	**Aspetterei**
Estudiaría	**Parlerei**
Hablaría	**Studierei**
Llevaría	**Porterei**
Compraría	**Comprerei**

Los 4 formatos en fórmula

("los verbos infinitivos" son la base de este curso)

Gerundio/ Gerund (Acción)	**Pasado Participio/Participio Passato**
ITALIANO: Essere+ Verbo che termina in "ando" o "endo" **ESPAÑOL**: Estar + Verbo termina en "iendo" o "ando" **Cómo convertir un** Verbo Infinitivo" en Italiano a gerundio Camminare: Elimine la "r" y añada "ando" Camminando Verbo Infinitivo" en español a gerundio Caminar: Elimine la "r" y añada "ando" Caminando *Ejemplo*: Camminare = Caminar (Verbo Infinitivo) **Sto camminando per mangiare** Yo estoy caminando a comer	El verbo "avere" sigue al pronombre, seguido del verbo. Convierta un verbo infinitivo a pasado participio quitando la **terminacion -are, -ere, o –ire** y **sustituyendola por -ato, -uto, -ito, -ado** *Ejemplo*: Aspettare (Esperar) Io ho aspettato Tu hai aspettato Lui ha aspettato Noi habiamo aspettato Voi avete aspettato Sonno hanno aspettato **Nota**: No hay que aprender las conjugaciones.
Futuro/ Futuro	**Condicional**
ITALIANO: verbo andare + Verbo Infinitivo **ESPAÑOL**: verbo ir a + Verbo Infinitivo. *Ejemplo*: Mangiare (comer) Io vado a mangare Tu vai a mangare Lui/Lei vai a mangare Noi andiamo a mangare Voi andare a mangare Loro andare a mangare	**ITALIANO**: Verbo Infinitivo + la terminación "ei" **ESPAÑOL**: Verbo infinitivo + la terminancion "ia" o "iera" *Ejemplo*: Verbos infinitivos: **Andare** = Ir **Correre** = Correr Yo iria a correr si vinieses conmingo Andrei a correre se tu venissi con me.

9no. Paso de Aprendizaje

Preguntas y Negaciones

Practíquelas, especialmente las conjugaciones y la pronunciación

Lección No. 14

Preguntas

En italiano, las preguntas siempre y solo se formulan agregando un signo de interrogación al final de la oración y cambiando el tono de su voz.

Ejemplos:

Usted quiere ir a comer
¿Quiere usted ir a comer?
Vuoi andare a mangiare?

Usted tiene que venir
¿Tiene usted que venir?
Devi venire?

Yo puedo ir a visitarla
¿Puedo yo ir a visitarla?
Posso andare a trovarla?

Ella debería llamarme
¿Debería ella llamarme?
Dovrebbe chiamarmi?

Negaciones

En Italiano las negaciones son formuladas insertando "non".

Ejemplos:

Usted quiere ir a comer
Usted no quiere ir a comer
Non vuoi andare a mangiare

Usted tiene que venir
Usted no tiene que venir
Non devi venire

Yo puedo ir a vistarla
Yo no puedo ir a visitarla
Non posso andare a trovarla

Ella debería llamarme
Ella no debería llamarme
Non dovrebbe chiamarmi

10mo. Paso de Aprendizaje

“c’è”

Practíquelo Especialmente
(la pronunciación)

Lección No. 15

c'è / Hay (ah-ee)

c'è : Hay

ci sono: Hay

c'era : Hubo

c'erano : Hubo

c'è stato : Ha habido

ci sono stati: Han habido

ci saranno : Va a haber

ci sarebbero : Habría o hubiera

ci sarebbero stati : Hubieran habido

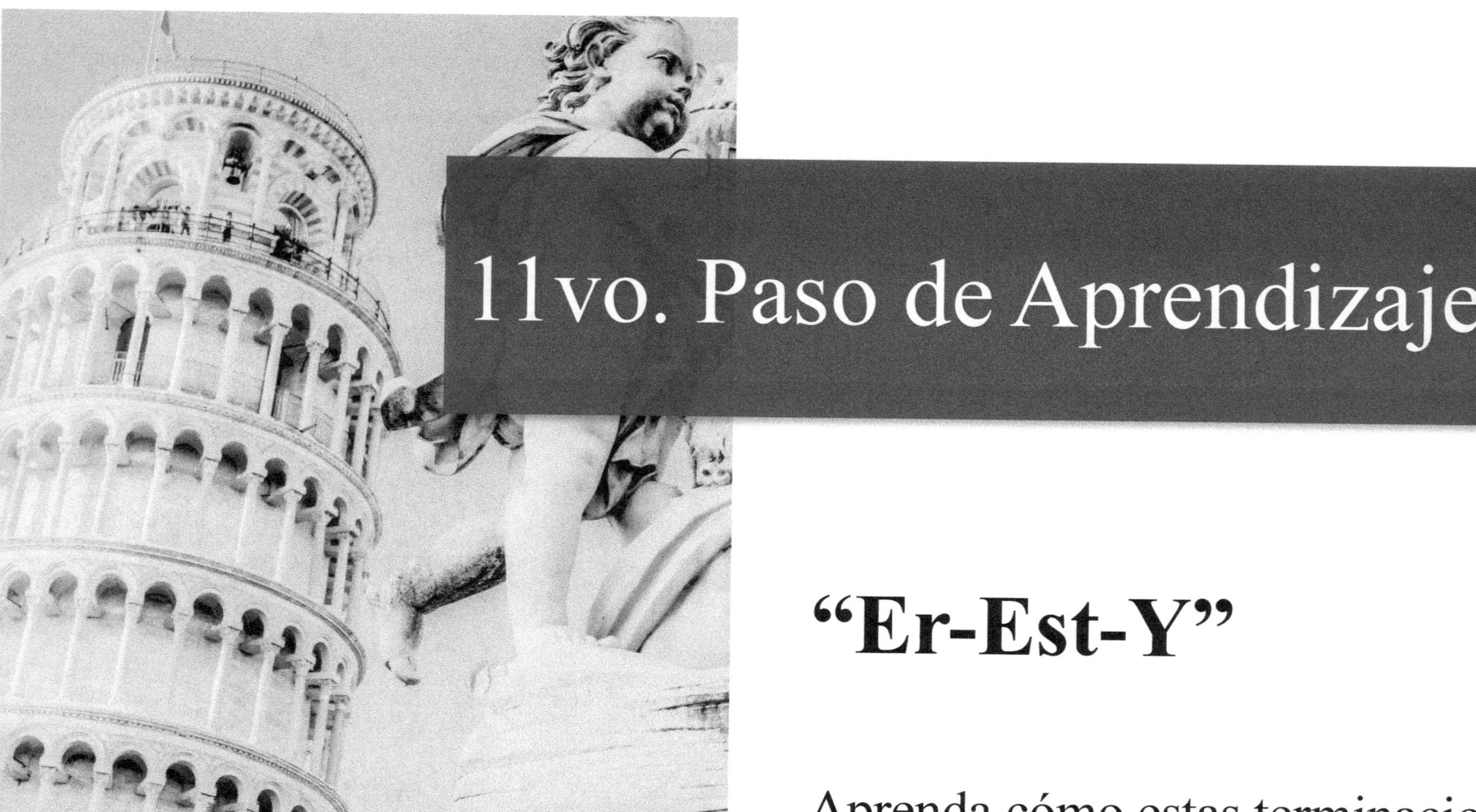

11vo. Paso de Aprendizaje

“Er-Est-Y”

Aprenda cómo estas terminaciones son utilizadas en Italiano

Practíquelas, especialmente (la pronunciación)

Lección No. 16 : Parte E 1

Las terminaciones Er - Est – Y

Più corto	Más corto
Meglio	Mejor
Più alto	Más alto
Più veloce	Más rápido
Più rapido	Más rápido
Più piccolo	Más pequeño
Più lento	Más despacio
Più caldo	Más caliente
Più freddo	Más frío
Più tonto	Más tonto
Meno	Más poco
Piccoletto	Pequeño
Ritardatario	Retardado
Piagnucoloso	Lloroso

Il più corto	Lo más corto
Migliore	Lo major
Il più alto	Lo más alto
Il più veloce	Lo más rápido
Il più rapido	Lo más rápido
Il più piccolo	Lo más pequeño
Il più lento	Lo más despacio
Il più caldo	Lo más caliente
Il più freddo	Lo más frío
Il più tonto	Lo más tonto
Il minor numero	Lo más poco
Tanto…quanto	Tan…como
Più…di	Más…que

Ejemplos:

Più basso di
Más corto que

Meglio di
Mejor que

Più alto di
Más alto que

Più veloce di
Más rápido que

Lección No. 17 : Parte E 1

La Terminación ER cuando es aplicada a un verbo infinitivo, la convierte en una persona

Condurre – Manejar	**Conducente** – Conductor
Mangiare – Comer	**Mangiatore** – Comilón/Glotón
Giocare – Jugar	**Giocatore** – Jugador
Correr – Corer	**Corridore** – Corridor
Dormire – Dormir	**Dormiglione** – Dormilón
Scrivere – Escribir	**Scrittore** – Escritor
Leggere – Leer	**Lettore** – Lector
Pagare – Pagar	**Pagatore** – Pagador
Lavare – Lavar	**Lavatore** – Lavadora
Parlare – Hablar	**Parlante** – Hablador

12vo. Paso de Aprendizaje

EL VERBO

"Avere"

Aprenda las múltiples reglas gramaticales de este verbo

Practíquelas, especialmente las conjugaciones y (la pronunciación)

Lección No. 18

El extraño caso del verbo Tener/Avere

En Italiano dependiendo de su uso, existen dos usos y reglas gramaticales distintas para el verbo **"Avere":**

1) **Propiedad o posesión.**
   Ejemplos: Ho mal di testa / Yo tengo un dolor de cabeza.
   Ho un figlio / Yo tengo un hijo.

2) **Pasado Participio** (como algo que ya ha pasado)
   Ejemplos: L'ho fatto/ ¡Ya lo he hecho!

NOTA:
En español el verbo **"Tener (que)"** tiene un tercer significado: **Deber o responsabilidad.**
Ejemplo: debo andare / Yo me tengo que ir
devi venire / Usted tiene que venir.
Cuando se usa el verbo como **"Tener (que)"** en Italiano significa: **"Dovere."**
Ejemplo: devo andare a mangiare / Yo tengo que ir a comer

En español el verbo "**avere**" se expresa de la siguiente manera:

Propriedad	**Pasado Participio**
Tener	Haber
Ho una famiglia	Sono andato a mangiare presto
Yo tengo una familia	Yo he ido a comer temprano

Practiquemos lo que
hemos aprendido

Verbo Infinitivo

Ejemplo: <u>Cucinare</u> (Verbo Infinitivo) Cocinar **Las 4 Plantillas/ Formato**

Presente	**Gerundio**	**Futuro**	**Pasado Participio**	**Condicional**
Yo cocino **Io cucino**	Yo estoy cocinando **Io sto cucinando**	Yo voy a cocinar **Io vado a cucinare**	Yo he cocinado **Io ho cucinato**	Yo cocinaría **Io cucinerei**
Yo voy a estar cocinando **Io vado a stare cucinando**	Yo estaba cocinando **Io stavo cucinando**	Yo tengo que cocinar **Io devo cucinare**	Yo he estado cocinando **Io ho stato cucinanto**	
Yo hubiera cocinado **Io avrei cucinato**	Yo cociné **Io ho cucinato**			

Ejemplo: <u>Aspettare</u> (Verbo Infinitivo) Esperar **Las 4 Plantillas/ Formato**

Presente	**Gerundio**	**Futuro**	**Pasado Participio**	**Condicional**
Yo espero **Io aspetto**	Yo estoy esperando **Io sto aspettando**	Yo voy a esperar **Io vado a aspettare**	Yo he esperado **Io ho aspettato**	Yo esperaría **Io aspettarei**
Yo voy a estar esperando **Io vado a stare aspettando**	Yo estaba esperando **Io stavo aspettando**	Yo tengo que esperar **Io devo aspettare**	Yo he estado esperando **Io ho stato aspettanto**	
Yo hubiera esperado **Io avrei aspettato**	Yo esperé **Io ho aspettato**			

Verbo Infinitivo

Ejemplo: Correre (Verbo Infinitivo) Correr **Las 4 Plantillas/ Formato**

Presente Yo corro	**Gerundio** Yo estoy corriendo	**Futuro** Yo voy a correr	**Pasado Participio** Yo he corrido	**Condicional** Yo correría

Yo voy a estar corriendo	Yo estaba corriendo	Yo tengo que correr	Yo he estado corriendo
Yo hubiera corrido	Yo corrí		

Ejemplo: Mangiare (Verbo Infinitivo) Comer **Las 4 Plantillas/ Formato**

Presente Yo como	**Gerundio** Yo estoy comiendo	**Futuro** Yo voy a comer	**Pasado Participio** Yo he comido	**Condicional** Yo comería

Yo voy a estar comiendo	Yo estaba comiendo	Yo tengo que comer	Yo he estado comiendo
Yo hubiera comido	Yo comí		

Verbo Infinitivo

Ejemplo: Parlare (Verbo Infinitivo) Hablar **Las 4 Plantillas/ Formato**

Presente Yo hablo	**Gerundio** Yo estoy hablando	**Futuro** Yo voy a hablar	**Pasado Participio** Yo he hablado	**Condicional** Yo hablaría
Yo voy a estar hablando	Yo estaba hablando	Yo tengo que hablar	Yo he estado hablando	
Yo hubiera hablado	Yo hablé			

Ejemplo: Chiamare (Verbo Infinitivo) Llamar **Las 4 Plantillas/ Formato**

Presente Yo llamo	**Gerundio** Yo estoy llamando	**Futuro** Yo voy a llamar	**Pasado Participio** Yo he llamado	**Condicional** Yo llamaría
Yo voy a estar llamando	Yo estaba llamando	Yo tengo que llamar	Yo he estado llamando	
Yo hubiera llamado	Yo llamé			

Verbo Infinitivo

Ejemplo: **<u>Prendere</u> (Verbo Infinitivo) Llevar** **Las 4 Plantillas/ Formato**

Presente Yo llevo	**Gerundio** Yo estoy llevando	**Futuro** Yo voy a llevar	**Pasado Participio** Yo he llevado	**Condicional** Yo llevaría
Yo voy a estar llevando	Yo estaba llevando	Yo tengo que llevar	Yo he estado llevando	
Yo hubiera llevado	Yo llevé			

Ejemplo: **<u>Ottenere</u> (Verbo Infinitivo) Recibir** **Las 4 Plantillas/ Formato**

Presente Yo recibo	**Gerundio** Yo estoy recibiendo	**Futuro** Yo voy a recibir	**Pasado Participio** Yo he recibido	**Condicional** Yo recibiría
Yo voy a estar recibiendo	Yo estaba recibiendo	Yo tengo que recibir	Yo he estado recibiendo	
Yo hubiera recibido	Yo recibí			

Verbo Infinitivo

Ejemplo: Pensare (Verbo Infinitivo) Pensar **Las 4 Plantillas/ Formato**

Presente Yo pienso	**Gerundio** Yo estoy pensando	**Futuro** Yo voy a pensar	**Pasado Participio** Yo he pensado	**Condicional** Yo pensaría
Yo voy a estar pensando	Yo estaba pensando	Yo tengo que pensar	Yo he estado pensando	
Yo hubiera pensado	Yo pensé			

Ejemplo: Studiare (Verbo Infinitivo) Estudiar **Las 4 Plantillas/ Formato**

Presente Yo estudio	**Gerundio** Yo estoy estudiando	**Futuro** Yo voy a estudiar	**Pasado Participio** Yo he estudiado	**Condicional** Yo estudiaría
Yo voy a estar estudiando	Yo estaba estudiando	Yo tengo que estudiar	Yo he estado estudiando	
Yo hubiera estudiado	Yo estudié			

Verbo Infinitivo

Ejemplo: <u>Scrivere</u> (Verbo Infinitivo) Escribir **Las 4 Plantillas/ Formato**

Presente Yo escribo	**Gerundio** Yo estoy escribiendo	**Futuro** Yo voy a escribir	**Pasado Participio** Yo he escrito	**Condicional** Yo escribiría
Yo voy a estar escribiendo	Yo estaba escribiendo	Yo tengo que escribir	Yo he estado escribiendo	
Yo hubiera escrito	Yo escribí			

Ejemplo: <u>Leggere</u> (Verbo Infinitivo) Leer **Las 4 Plantillas/ Formato**

Presente Yo leo	**Gerundio** Yo estoy leyendo	**Futuro** Yo voy a leer	**Pasado Participio** Yo he leido	**Condicional** Yo leería
Yo voy a estar leyendo	Yo estaba leyendo	Yo tengo que leer	Yo he estado leyendo	
Yo hubiera leído	Yo leí			

Verbo Infinitivo

Ejemplo: <u>Fare</u> (Verbo Infinitivo) Hacer **Las 4 Plantillas/ Formato**

Presente Yo hago	**Gerundio** Yo estoy haciendo	**Futuro** Yo voy a hacer	**Pasado Participio** Yo he hecho	**Condicional** Yo haría
Yo voy a estar haciendo	Yo estaba haciendo	Yo tengo que hacer	Yo he estado haciendo	
Yo hubiera hecho	Yo hice			

Ejemplo: <u>Lavorare</u> (Verbo Infinitivo) Trabajar **Las 4 Plantillas/ Formato**

Presente Yo trabajo	**Gerundio** Yo estoy trabajando	**Futuro** Yo voy a trabajar	**Pasado Participio** Yo he trabajado	**Condicional** Yo trabajaría
Yo voy a estar trabajando	Yo estaba trabajando	Yo tengo que trabajar	Yo he estado trabajando	
Yo hubiera trabajado	Yo trabajé			

Negación

Ejemplo: <u>Cucinare</u> (Verbo Infinitivo) Cocinar **Las 4 Plantillas/ Formato**

Presente	**Gerundio**	**Futuro**	**Pasado Participio**	**Condicional**
Yo no cocino **Io non cucino**	Yo no estoy cocinando **Io non sto cucinando**	Yo no voy a cocinar **Io non vado a cucinare**	Yo no he cocinado **Io non ho cucinato**	Yo no cocinaría **Io non cucinerei**
Yo no voy a estar cocinando **Io non vado a stare cucinando**	Yo no estaba cocinando **Io non stavo cucinando**	Yo no tengo que cocinar **Io non devo cucinare**	Yo no he estado cocinando **Io non ho stato cucinanto**	
Yo no hubiera cocinado **Io non avrei cucinato**	Yo no cociné **Io non ho cucinato**			

Ejemplo: <u>Aspettare</u> (Verbo Infinitivo) Esperar **Las 4 Plantillas/ Formato**

Presente	**Gerundio**	**Futuro**	**Pasado Participio**	**Condicional**
Yo no espero **Io non aspetto**	Yo estoy esperando **Io non sto aspettando**	Yo no voy a esperar **Io non vado a aspettare**	Yo no he esperado **Io non ho aspettato**	Yo no esperaría **Io non aspettarei**
Yo no voy a estar esperando **Io non vado a stare aspettando**	Yo no estaba esperando **Io non stavo aspettando**	Yo no tengo que esperar **Io non devo aspettare**	Yo no he estado esperando **Io non ho stato aspettanto**	
Yo no hubiera esperado **Io non avrei aspettato**	Yo no esperé **Io non ho aspettato**			

Negación

Ejemplo: Correre (Verbo Infinitivo) Correr **Las 4 Plantillas/ Formato**

Presente	Gerundio	Futuro	Pasado Participio	Condicional
Yo no corro	Yo no estoy corriendo	Yo no voy a correr	Yo no he corrido	Yo no correría
Yo no voy a estar corriendo	Yo no estaba corriendo	Yo no tengo que correr	Yo no he estado corriendo	
Yo no hubiera corrido	Yo no corrí			

Ejemplo: Mangiare (Verbo Infinitivo) Comer **Las 4 Plantillas/ Formato**

Presente	Gerundio	Futuro	Pasado Participio	Condicional
Yo no como	Yo no estoy comiendo	Yo no voy a comer	Yo no he comido	Yo no comería
Yo no voy a estar comiendo	Yo no estaba comiendo	Yo no tengo que comer	Yo no he estado comiendo	
Yo no hubiera comido	Yo no comí			

Negación

Ejemplo: <u>Parlare</u> (Verbo Infinitivo) Hablar **Las 4 Plantillas/ Formato**

Presente Yo no hablo	**Gerundio** Yo no estoy hablando	**Futuro** Yo no voy a hablar	**Pasado Participio** Yo no he hablado	**Condicional** Yo no hablaría
Yo no voy a estar hablando	Yo no estaba hablando	Yo no tengo que hablar	Yo no he estado hablando	
Yo no hubiera hablado	Yo no hablé			

Ejemplo: <u>Chiamare</u> (Verbo Infinitivo) Llamar **Las 4 Plantillas/ Formato**

Presente Yo no llamo	**Gerundio** Yo no estoy llamando	**Futuro** Yo no voy a llamar	**Pasado Participio** Yo no he llamado	**Condicional** Yo no llamaría
Yo no voy a estar llamando	Yo no estaba llamando	Yo no tengo que llamar	Yo no he estado llamando	
Yo no hubiera llamado	Yo no llamé			

Negación

Ejemplo: Prendere (Verbo Infinitivo) Llevar **Las 4 Plantillas/ Formato**

Presente	**Gerundio**	**Futuro**	**Pasado Participio**	**Condicional**
Yo no llevo	Yo no estoy llevando	Yo no voy a llevar	Yo no he llevado	Yo no llevaría
Yo no voy a estar llevando	Yo no estaba llevando	Yo no tengo que llevar	Yo no he estado llevando	
Yo no hubiera llevado	Yo no llevé			

Ejemplo: Ottenere (Verbo Infinitivo) Recibir **Las 4 Plantillas/ Formato**

Presente	**Gerundio**	**Futuro**	**Pasado Participio**	**Condicional**
Yo no recibo	Yo no estoy recibiendo	Yo no voy a recibir	Yo no he recibido	Yo no recibiría
Yo no voy a estar recibiendo	Yo no estaba recibiendo	Yo no tengo que recibir	Yo no he estado recibiendo	
Yo no hubiera recibido	Yo no recibí			

Negación

Ejemplo: **<u>Pensare</u> (Verbo Infinitivo) Pensar** **Las 4 Plantillas/ Formato**

Presente	**Gerundio**	**Futuro**	**Pasado Participio**	**Condicional**
Yo no penso	Yo no estoy pensando	Yo no voy a pensar	Yo no he pensado	Yo no pensaría

Yo no voy a estar pensando	Yo no estaba pensando	Yo no tengo que pensar	Yo no he estado pensando
Yo no hubiera pensado	Yo no pensé		

Ejemplo: **<u>Studiare</u> (Verbo Infinitivo) Estudiar** **Las 4 Plantillas/ Formato**

Presente	**Gerundio**	**Futuro**	**Pasado Participio**	**Condicional**
Yo no estudio	Yo no estoy estudiando	Yo no voy a estudiar	Yo no he estudiado	Yo no estudiaría

Yo no voy a estar estudiando	Yo no estaba estudiando	Yo no tengo que estudiar	Yo no he estado estudiando
Yo no hubiera estudiado	Yo no estudié		

Negación

Ejemplo: <u>Scrivere</u> (Verbo Infinitivo) Escribir **Las 4 Plantillas/ Formato**

Presente Yo no escribo	**Gerundio** Yo no estoy escribiendo	**Futuro** Yo no voy a escribir	**Pasado Participio** Yo no he escrito	**Condicional** Yo no escribiría
Yo no voy a estar escribiendo	Yo no estaba escribiendo	Yo no tengo que escribir	Yo no he estado escribiendo	
Yo no hubiera escrito	Yo no escribí			

Ejemplo: <u>Leggere</u> (Verbo Infinitivo) Leer **Las 4 Plantillas/ Formato**

Presente Yo no leo	**Gerundio** Yo no estoy leyendo	**Futuro** Yo no voy a leer	**Pasado Participio** Yo no he leido	**Condicional** Yo no leería
Yo no voy a estar leyendo	Yo no estaba leyendo	Yo no tengo que leer	Yo no he estado leyendo	
Yo no hubiera leído	Yo no leí			

Negación

Ejemplo: <u>Fare</u> (Verbo Infinitivo) Hacer **Las 4 Plantillas/ Formato**

Presente Yo no hago	**Gerundio** Yo no estoy haciendo	**Futuro** Yo no voy a hacer	**Pasado Participio** Yo no he hecho	**Condicional** Yo no haría
Yo no voy a estar haciendo	Yo no estaba haciendo	Yo no tengo que hacer	Yo no he estado haciendo	
Yo no hubiera hecho	Yo no hice			

Ejemplo: <u>Lavorare</u> (Verbo Infinitivo) Trabajar **Las 4 Plantillas/ Formato**

Presente Yo no trabajo	**Gerundio** Yo no estoy trabajando	**Futuro** Yo no voy a trabajar	**Pasado Participio** Yo no he trabajado	**Condicional** Yo no trabajaría
Yo no voy a estar trabajando	Yo no estaba trabajando	Yo no tengo que trabajar	Yo no he estado trabajando	
Yo no hubiera trabajado	Yo no trabajé			

Preguntas

Ejemplo: Cucinare (Verbo Infinitivo) Cocinar **Las 4 Plantillas/ Formato**

Presente ¿Cocino yo? **(io) Cucino?**	**Gerundio** ¿Estoy yo cocinando? **Sto cucinando?**	**Futuro** ¿Voy a cocinar yo? **Vado a cucinare?**	**Pasado Participio** ¿He yo cocinado? **Ho cucinato?**	**Condicional** ¿Cocinaría yo? **Cucinerei?**
¿Voy a estar cocinando yo? **Vado a stare cucinando?**	¿Estuve cocinando yo? **Ho statto cucinando?**	¿Tengo yo que cocinar? **Devo cucinare?**	¿He estado cocinando yo? **Ho cucinanto?**	
¿Hubiera yo cocinado? **Avrei cucinato?**	¿Ciciné yo? **Ho cucinato?**			

Ejemplo: Aspettare (Verbo Infinitivo) Esperar **Las 4 Plantillas/ Formato**

Presente ¿Espero yo? **(Io) Aspetto?**	**Gerundio** ¿Estoy yo esperando? **Sto aspettando?**	**Futuro** ¿Voy yo a esperar? **Vado a aspettare?**	**Pasado Participio** ¿He yo esperado? **Ho aspettato?**	**Condicional** ¿Esperaría yo? **Aspettarei?**
¿Voy a estar esperando yo? **Vado a stare aspettando?**	¿Estaba esperando yo? **Stavo aspettando?**	¿Tengo que esperar yo? **Devo aspettare?**	¿He estado esperando yo? **Ho stato aspettanto?**	
¿Hubiera esperado yo? **Avrei aspettato?**	¿Esperé yo? **Io ho aspettato**			

Preguntas

Ejemplo: <u>Correre</u> (Verbo Infinitivo) Correr **Las 4 Plantillas/ Formato**

Presente ¿Corro yo?	**Gerundio** ¿Estoy yo corriendo?	**Futuro** ¿Voy a correr yo?	**Pasado Participio** ¿He yo corrido?	**Condicional** ¿correría yo?
¿Voy a estar corriendo yo?	¿Estaba corriendo yo?	¿Tengo yo que correr?	¿He estado corriendo yo?	
¿Hubiera yo corrido?	¿Corrí yo?			

Ejemplo: <u>Mangiare</u> (Verbo Infinitivo) Comer **Las 4 Plantillas/ Formato**

Presente ¿Como yo?	**Gerundio** ¿Estoy yo comiendo?	**Futuro** ¿Voy yo a comer?	**Pasado Participio** ¿He yo comido?	**Condicional** ¿Comería yo?
¿Voy a estar comiendo yo?	¿Estaba comiendo yo?	¿Tengo que comer yo?	¿He estado comiendo yo?	
¿Hubiera comido yo?	¿Comí yo?			

Preguntas

Ejemplo: Parlare (Verbo Infinitivo) Hablar **Las 4 Plantillas/ Formato**

Presente	Gerundio	Futuro	Pasado Participio	Condicional
¿Hablo yo?	¿Estoy yo hablando?	¿Voy a hablar yo?	¿He yo hablado?	¿Hablaría yo?
¿Voy a estar hablando yo?	¿Estaba hablando yo?	¿Tengo yo que hablar?	¿He estado hablando yo?	
¿Hubiera yo hablado?	¿Hablé yo?			

Ejemplo: Chiamare (Verbo Infinitivo) Llamar **Las 4 Plantillas/ Formato**

Presente	Gerundio	Futuro	Pasado Participio	Condicional
¿Llamo yo?	¿Estoy yo llamando?	¿Voy yo a llamar?	¿He yo llamado?	¿llamaría yo?
¿Voy a estar llamando yo?	¿Estaba llamando yo?	¿Tengo que llamar yo?	¿He estado llamando yo?	
¿Hubiera llamado yo?	¿Llamé yo?			

Preguntas

Ejemplo: <u>Prendere</u> (Verbo Infinitivo) Llevar **Las 4 Plantillas/ Formato**

Presente	**Gerundio**	**Futuro**	**Pasado Participio**	**Condicional**
¿Llevo yo?	¿Estoy yo llevando?	¿Voy a llevar yo?	¿He yo llevado?	¿Llevaría yo?

¿Voy a estar llevando yo?	¿Estaba llevando yo?	¿Tengo yo que llevar?	¿He estado llevando yo?

¿Hubiera yo llevado?	¿Llevé yo?

Ejemplo: <u>Ricevere</u> (Verbo Infinitivo) Recibir **Las 4 Plantillas/ Formato**

Presente	**Gerundio**	**Futuro**	**Pasado Participio**	**Condicional**
¿Recibo yo?	¿Estoy yo recibiendo?	¿Voy yo a recibir?	¿He yo recibido?	¿Recibiría yo?

¿Voy a estar recibiendo yo?	¿Estaba recibiendo yo?	¿Tengo que recibir yo?	¿He estado recibiendo yo?

¿Hubiera recibido yo?	¿Recibí yo?

Preguntas

Ejemplo: Pensare (Verbo Infinitivo) Pensar

Las 4 Plantillas/ Formato

Presente	**Gerundio**	**Futuro**	**Pasado Participio**	**Condicional**
¿Pienso yo?	¿Estoy yo pensando?	¿Voy a pensar yo?	¿He yo pensado?	¿Pensaría yo?

¿Voy a estar pensando yo?	¿Estaba pensando yo?	¿Tengo yo que pensar?	¿He estado pensando yo?
¿Hubiera yo pensado?	¿Pensé yo?		

Ejemplo: Studiare (Verbo Infinitivo) Estudiar

Las 4 Plantillas/ Formato

Presente	**Gerundio**	**Futuro**	**Pasado Participio**	**Condicional**
¿Estudio yo?	¿Estoy yo estudiando?	¿Voy yo a estudiar?	¿He yo estudiado?	¿Estudiaría yo?

¿Voy a estar estudiando yo?	¿Estaba estudiando yo?	¿Tengo que estudiar yo?	¿He estado estudiando yo?
¿Hubiera estudiado yo?	¿Estudié yo?		

Preguntas

Ejemplo: Scrivere (Verbo Infinitivo) Escribir **Las 4 Plantillas/ Formato**

Presente ¿Escribo yo?	**Gerundio** ¿Estoy yo escribiendo?	**Futuro** ¿Voy a escribir yo?	**Pasado Participio** ¿He yo escribido?	**Condicional** ¿Escribiría yo?
¿Voy a estar escribiendo yo?	¿Estaba escribiendo yo?	¿Tengo yo que escribir?	¿He estado escribiendo yo?	
¿Hubiera yo escribido?	¿Escribí yo?			

Ejemplo: Leggere (Verbo Infinitivo) Leer **Las 4 Plantillas/ Formato**

Presente ¿Leo yo?	**Gerundio** ¿Estoy yo leyendo?	**Futuro** ¿Voy yo a leer?	**Pasado Participio** ¿He yo leído?	**Condicional** ¿Leería yo?
¿Voy a estar leyendo yo?	¿Estaba leyendo yo?	¿Tengo que leer yo?	¿He estado leyendo yo?	
¿Hubiera leído yo?	¿Leí yo?			

Preguntas

Ejemplo: <u>Fare</u> (Verbo Infinitivo) Hacer **Las 4 Plantillas/ Formato**

Presente ¿Hago yo?	**Gerundio** ¿Estoy yo haciendo?	**Futuro** ¿Voy a hacer yo?	**Pasado Participio** ¿He yo hecho?	**Condicional** ¿Haría yo?
¿Voy a estar haciendo yo?	¿Estaba haciendo yo?	¿Tengo yo que hacer?	¿He estado haciendo yo?	
¿Hubiera yo hecho?	¿Hice yo?			

Ejemplo: <u>Lavorare</u> (Verbo Infinitivo) Trabajar **Las 4 Plantillas/ Formato**

Presente ¿Trabajo yo?	**Gerundio** ¿Estoy yo trabajando?	**Futuro** ¿Voy yo a trabajar?	**Pasado Participio** ¿He yo trabajado?	**Condicional** ¿Trabajaría yo?
¿Voy a estar trabajando yo?	¿Estaba trabajando yo?	¿Tengo que trabajar yo?	¿He estado trabajando yo?	
¿Hubiera trabajado yo?	¿Trabajé yo?			

Vocabulario en Italiano

Vocabulario en Italiano

A

A: Per
Abril: Aprile
A Esta Hora: A Quest'ora
A Las: In
A Menos Que: Salvo Che
A Menudo: Di Frequente
A Pesar De: Nonostante
A Propósito: A Proposito
A Punto De: Quasi
A Qué Distancia: Quanto Lontano
A Qué Hora: A Che Ora
A Quién: Chi
A Través: Tramite
A Través De Lo Cual: Per Cui
Abajo: Sotto
Abierto: Aprire
Abrigo: Cappotto
Acerca De: Di
Adentro: Dentro
Adonde: Dove
Aduana: Dogana
Afuera: Fuori
Agradable: Bello
Agua: Acqua
Ahora: Adesso
Ahora Mismo: Proprio Adesso
Aerolínea: Compagnia Aerea
Aire: Aria
Avión: Aereo
Algo: Qualche Cosa
Alguien: Qualcuno
Alguno: Alcuni
Al Lado: Accanto Al
Allá: Là
Almacén: Magazzino
Alto: Alto
Almacén: Negozio
Amable: Genere
Amarillo: Giallo
Ambos: Tutti E Due
Amistoso: Amichevole
Año: Anno
Ancho: Largo
Antes: Before
Apenado: Imbarazzato
Apenas: Appena
Aquellos: Quelli
Aquí: Qui
Arriba: Su
Arroz: Riso
Asado: Arrostito
Aturdido: Dare Le Vertigini
Aun Cuando: Nonostante
Aunque: Tuttavia
Autobus: Autobus
Automovil: Automobile
Aviso: Avviso
Ayer: Ieri
Ayuda: Aiuto
Azafata: Hostess
Azúcar: Zucchero
A Propósito: A Proposito
A Pesar De: Nonostante
Ajo: Aglio

B

Baile: Danza
Bajo: Breve
Banco: Banca
Bandera: Bandiera
Baño: Toilette
Barato: A Buon Mercato
Barco: Barca
Básico: Di Base
Bastante: Abbondanza
Bebé: Bambino
Bicicleta: Bicicletta
Bien: Bene
Bien Sea: Se
Bocadillo: Merenda
Bolsa: Borsa
Bolsillo: Tasca
Bulto: Massa

Vocabulario en Italiano

Bota: Avvio
Botella: Bottiglia
Botón: Pulsante
Bueno: Bene
Billetera: Portafoglio

C
Cada: A Testa
Caliente: Piccante
Carente De: Mancanza Di
Casi: Quasi
Cautela: Attenzione
Ceder El Paso: Prodotto
Cerca: Vicino
Cierto: Certo
Clase: Classe
Colapso: Crollo
Cómo: Come
Completo: Completare
Con: Insieme A
Conmigo: Con Me
Cosa: Cosa
Considerando Que: Whereas
Contigo: Con Te
Cuál: Quale
Cualquiera: Chiunque
Cuando: Quando
Cuando Sea: Ogni Volta
Cuánto: Quanto
Cuidado: Attento

D
Dama:signora
De: Da
De Buena Gana: Volentieri
De Cualquier Manera: Comunque
De Guardia: In Chiamata
De Nuevo: Ancora
De Otra Manera: Altrimenti
De Quien: Il Cui, Di Chi
Debajo: Sotto
Delgado: Magro
Demasiado: Basta
Dentista: Dentista
Dentro: Dentro
Deportes: Gli Sport
Derecho(a): Destro
Desafortunadamente: Purtroppo
Desagradable: Sgradevole
Derecho(a): Destro
Descuento: Sconto
Desierto: Deserto
Desfile: Parata
Dentro De: Entro
Despacio: Lento
Después: Dopo
Detrás De: Dietro
Desviación: Deviazione
Día: Giorno
Diario:quotidiano
Diez: Dieci
Difícil: Difficile
Diciembre: Dicembre
Diccionario: Dictionary
Dinero: I Soldi
Dirección: Indirizzo
Disponible: A Disposizione
Divertido: Divertimento
Dividido Por: Accedere
Doce: Dodici
Dolor: Dolore
Dónde: Dove
Donde Se Encuentre: Dovunque
Docena: Dozzina
Ducha: Doccia

E
En Particular: In Particolare
En Proceso: In Corso
En Seguida: Al Momento
En Vez De: Instead Of
Entre: Fra
Es Necesario: È Necessario
Esta Noche: Stasera

Vocabulario en Italiano

Específico: Specifico
Esto(a): Esso
Estos: Queste
Extraño: Strano
Estrecho: Stretto
Empujar: Spingere
En: SU
En Algún Lugar: Da Qualche Parte
En Buena Salud: In Buona Salute
En Caso De: In Caso Di
En Contra De: Contro
En Frente De: Davanti
En La: Nel
En Orden De: In Modo Da

F

Fácilmente: Facilmente
Factible: Possibile
Falla: Colpa
Familia: Famiglia
Farmacia: Farmacia
Febrero: Febbraio
Feria: Equo
Ferrocarril: Treno
Fiebre: Febbre
Fiesta: Festa
Fino: Bene
Frito: Fritto
Fruta: Frutta
Fuego: Fuoco

G

Gas: Gas
Gasolina: Benzina
Grande: Grande
Grueso: Spesso
Goteo: Perdere
Gafas: Occhiali
Gracias: Grazie
Gratis: Gratuito
Gris: Grigio
Gente: Le Persone
Gerente: Gestore
Guante: Guanto
Guía: Guida
Guisantes: Piselli Verdi

H

Hombres: Uomini
Horno: Forno
Hace: Fa
Hecho En: Fatto In
Hora: Ora
Huevo: Uovo
Hacia: A
Helado: Gelato
Horario: Orario
Halar: Tiro
Hombre: Uomo
Horneado: Al Forno
Hasta Luego: Arrivederci
Hubo: C'era
Habrían Estado: Sarebbero Stati
Habrían Sido: Sarebbe Stato
Ha Habido: È Stato
Habrían Habido: Ci Sarebbe Stato
Han Estado: Sono Stati
Han Sido: Han Sido

I

Ida Y Vuelta: Andata E Ritorno
Iglesia: Chiesa
Imposible: Impossibile
Improbable: Improbabile
Incluido: Incluso
Inmediatamente: Subito
Insecto: Insetto
Izquierda: Sono partiti

J

Jabón: Sapone
Jefe: Capo

Vocabulario en Italiano

Joyas: Gioielleria
Juego: Gioco
Jugo: Succo
Junio: Giugno
Juntos: Insieme
Justo: Solo

L
Llave: Chiave
Lluvia: Piovere
Loco: Pazzo
Lúcido: Lucido
Luego: Dopo
Lunes: Lunedi
Lado: Lato
Ladron: Ladro
Largo: Lungo
Lavabo: Lavello
Laxante: Lassativo
Leche: Latte
Lechuga: Lattuga
Legal: Legale
Legumbres: Legumi
Lejos: Lontano
Lentes: Occhiali
Lento: Lento
Libre: Gratuito
Limón: Limone
Limonada: Limonata
Listo: Pronto
Lista: Elenco

M
Maleta: Valigia
Mañana: Domani
Mantener: Mantenere
Mantequilla: Burro
Manzana: Mela
Máquina: Macchina
Marido: Marito
Marrón: Marrone
Más allá: Al di là
Menos: Meno
Media: Metà
Medianoche: Mezzanotte
Medio: Mezzo
Mediodía: mezzogiorno
Menú: Menù
Mensaje: Messaggio
Menos: meno
Mermelada: Marmellata
Mes: Mese
Mesonero: Cameriere
Mientras que: Mentre
Mucho: tanto
Mientras: Mentre
Muchos: Molti

N
Naranja: Arancia
Nave: Nave
Necesario:Necessariamente
Necesitado: Necessario
Ninguno: Nessuno
No: No
Nuevo: nuovo
Nuevamente: Ancora
Nunca: Mai

O
O: O
Objetos de valor: Oggetti preziosi
Obras: Lavori
Obvio: Ovvio
Ocupado: Occupato
Octubre: ottobre
Ojo: Occhio
Once: Undici
Oscuro: Scuro
Otoño: Autunno
Otro: Altro

Vocabulario en Italiano

P
Placer: Piacere
Plancha: Ferro da stiro
Poco: Pochi
Por consiguiente: Perciò
Por costumbre: Nell'abitudine
Por la razón: Per il motivo
Por lo tanto: Quindi
Por qué: Perché
Pregunta: Domanda
Presentar: Introdurre
Primavera: Molla
Privado: Privato
Probablemente: Probabilmente
Problema: Problema
Profundamente: Profondamente
Pronto: Presto
Próximo: Prossimo
Policía: Polizia
Por ciento: Per cento
Portero: Facchino
Puede Ser: Può essere
Punto: Punto
Panadería: Forno
Pañales: Pannolini
Papá: Padre
Para: Per
Pare:Fermare
Pareciera: Seemingly
Parece: Sembra come
Parque: Parco
Pasaje: Biglietto
Papas: Patate
Papel higiénico: Carta igenica
Paraguas: Ombrello
Pasaporte: Passaporto
Payment: Pago
Película: Film
Pequeño: Piccolo
Por día: Al giorno
Por supuesto: Certo
Postre: Dolce
Perdóneme: Mi scusi
Pero: Ma
Pesado: Pesante
Pasajero: Passeggeri

Q
Querido: Cara
Queso: Que

R
Radiador: Termosifone
Rápido: Veloce
Rebaja: Sconto
Rebajas: Occasioni
Regalo: Regalo
Relativo: Parente
Reloj: Guadare
Repita: Ripetere
Ridículo: Ridicolo
Riña: Combattere
Robo: Furto
Ropa: Vestiti
Responsable: Responsabile
Ruido: Rumore
Rutina: Routine
Ruptura: Rottura

S
Sabiduría: Saggezza
Sabor: Gusto
Sabroso: Gustoso
Sacar: Per tirare
Sacrificar: Sacrificio
Sagrado: Sacro
Saltar: Saltare
Secreto: Segreto
Serio: Serio
Servicio: Service
Silbar: Fischiare

Vocabulario en Italiano

Silencio: Silenzio
Sistema: Sistema
Sociedad: Society
Soleado: Soleggiato
Solidez: Forza
Sordo: Sordo
Sorpresa: Sorpresa
Sublime: Sublime
Suspiro: Sospiro
Sustituir: Sostituto
Susto: Paura
Susurro: Sotto voce

T
Tachar: Graffiare
Taller: Officina
Tambor: Tamburellare
Tangente: Tangente
Taxista: Tassista
Techo: Tetto
Teja: Tegola
Tema: Tema
Temor: Paura
Temprano: Presto
Tendencia: Tendency
Terreno: terra
Tesoro: Tesoro
Tiempo: Volta
Timbre: Squillo
Tristeza: Tristezza
Todopoderoso: Onnipotente
Tonto: Stolto
Tos: Tosse
Tribuna: Tribuna
Tunel: Tunnel
Turismo: Tourism

U
Último: Scorso
Urgencia: Urgenza
Urgente: Urgente
Utilidad: Utilità
Usual: Solito
Usurero: Usuraio
Usurpar: Usurpare
Usuario: Utente
Universidad: Universidad
Urbanista: Urbanista
Universo: Universo

V
Vacaciones: Vacanze
Vacante: Vacante
Variedad: Varietà
Valor: Valore
Vanidad: Vanità
Vehículo: Veicolo
Velero: Barca A Vela
Verdad: Verità
Versatil: Versatile
Vida: Vita
Viejo: Vecchio
Víspera: Vigilia
Vitamina: Vitamina
Virilidad: Virilità
Voraz: Vorace

WX

Y
Yacimiento: Depositare
Yanqui: Yankee
Yarda: Cortile
Yerba: Erba

Z
Zancadilla: Viaggio
Zángano: Pigro
Zapato: Scarpa
Zapatero: Calzolaio
Zona: Zona
Zumbido: Buzz
Zumo: Succo
Zorro: Volpe

www.ingramcontent.com/pod-product-compliance
Lightning Source LLC
Chambersburg PA
CBHW082110120626
46553CB00011B/3617
* 9 7 9 8 9 8 6 6 1 3 6 6 6 *